국어통어론

Korean Syntax

저자 **김승곤**

한글학회 회장 및 재단이사
건국대학교 문과대학 국어국문학과, 대학원 졸업
건국대학교 인문과학대학장, 문과대학장, 총무처장, 부총장 역임
문화체육부 국어심의회 한글분과위원 역임

국어통어론

1판 1쇄 인쇄 ‖ 2010년 02월 25일
1판 1쇄 발행 ‖ 2010년 03월 05일

지은이 ‖ 김승곤
펴낸이 ‖ 이종엽
기획이사 ‖ 홍정표
책임편집 ‖ 김현아
기획·마케팅 ‖ 주재명 노경민
디자인 ‖ 김미미
경영지원 ‖ 조기호

펴낸곳 ‖ 글모아출판
등　록 ‖ 제324-2005-42호
공급처 ‖ (주)글로벌콘텐츠출판그룹
주　소 ‖ 서울특별시 강동구 길동 349-6 정일빌딩 401호
전　화 ‖ 02-488-3280
팩　스 ‖ 02-488-3281
블로그 ‖ http://www.gcmedia.co.kr
이메일 ‖ admin@gcmedia.co.kr

값 12,000원
ISBN 978-89-957542-6-9 03710

국어통어론

Korean Syntax

김승곤

책머리에

지은이는 1998년에 『현대국어통어론』을 간행한 바 있으나, 내용면에 있어서 부실한 데가 있고 또 형태론에서 다루어야 할 부분이 들어 있어서 이번에는 바로잡고 알차게 꾸며 보고자 전의 통어론을 개고하여 이 『국어통어론』을 출판하기로 하였다.

생성문법이 나오면서, 그 이론을 국어 통어론에도 적용하고자 한 학자들이 많이 있었으나 그것은 영어 통어론에서의 문제점을 해결하고자 하여 개발한 이론이므로 교착어인 국어 통어론에는 별 이용할 부분이 없는 것으로 생각된다.

그러므로 이 책은 실제 생활에서 우리가 말하고 있고 쓰고 있는 월에 의지하여 다루었다. 특히 3장 '홑월'에서는 서술월, 물음월, 행위요구월, 하임월, 입음월, 지움월 등에서는 실생활에서 우리가 쓰고 있는 말과 월을 중심으로 자세하게 다루었는데 특히, 서술월과 물음월 및 행위요구월에 대하여는 지나칠 정도로 자세히 다루었음이 특징이다.

그리고 4장 '겹월'에서는 그 짜임새에 치중하여 설명하였는데, 아마 이론적인 면도 있을 것이다. 특히, 섞임월과 작은월에 대하여도 자세히 다루었는데 다른 통어론에서는 다루지 아니한 부분이다.

2장에서 '월조각의 줄임'에 대하여도 비교적 자세히 다룬다고 노력하였으나 어느 정도 만족을 줄 수 있을지 궁금하다. '월조각의 줄임'은 일상의 말살이에서 많이 쓰이고 있으며, 특히 희곡이나 문학작품 등에서 잘 쓰이고 있다. 앞으로 더 통계를 내어 그 법칙이 세워진다면 찾아 내어 설명하여야 하 것이다. 지금, 지은이는 겹월에 대하여 여러 방면의 글에서 통계를 내고 있는데, 과연 지금까지 대체적인 사실을 근거로 서술한 이론이 맞는지를 확인하고자 한다. 만일 통계의 결과 지금까지의 이론이 합당하지 않으면, 겹월 부분은 다시 써야 하

것으로 생각한다. 시간이 흐르면서 말이 자주 변해 가므로 앞으로 계속적인 연구가 있어야 할 것으로 생각한다.

끝으로 여러 가지 어려운 이때에 이 책을 출판하여 주신 도서출판 경진의 양정섭 사장님과 관계하신 여러분께 고맙다는 말씀을 드린다.

2010년 1월 21일
지은이 삼가 씀

목 차

2장 통어론의 기초이론

3장 홑월

4장 겹월

1장 서론

1장 서론

1. 통어론이란?

어떤 자립형식이 둘 이상 모여서 의미적으로 통일되고 독립하여 완결된 하나의 언어 형식을 이루는 짜임새를 통어적 짜임새라 하고, 통어적 짜임새 서로 사이의 말본적 관계를 연구하는 학문을 통어론이라 한다.

(1) 이 소년이 아주 부지런하다.

①　　　②

(1)은 자립형식 ①과 ②의 두 요소가 모여서 이루어져 있는데, ①은 다시 두 개의 자립형식 '아주'와 '부지런하다'로 이루어져 있다. 통어론이란 월 (1) 전체의 짜임새나 ①과 ②의 각 짜임새를 연구하는 부문을 말하고, ①의 '이'와 '소년이' 및 ②의 '아주'와 '부지런하다'의

각각에 대하여 연구하는 부문을 형태론이라 한다.

2. 월의 밑감

월을 이루는 거리 곧 마디(절), 이은말(구), 말도막(어절), 낱말, 형태소 등을 언어형태라 하고 이들을 통틀어 '월의 밑감'이라고 한다. 월을 이루는 바탕이 되는 감이란 뜻이다.

2.1 마디

(2) 보문단지의 숙소에서 자고 이튿날 우리들은 불국사를 찾아갔다.

(2)는 하나의 월이다. 월도 언어형태인데, 이것을 분석하면 '보문단지의 숙소에서 자고'와 '이튿날 우리들은 불국사를 찾아갔다'의 두 언어형태로 되는데, 이 둘은 각각 독립된 월이 되지 못하고 합하여 하나의 큰 월을 이루고 있다. 이 둘 각각을 마디라 한다. 전자를 이음마디라 하고 후자를 맺음마디라 한다.

하나의 월 속에도 그 짜임새에 따라 이음마디가 여러 개 있을 수 있으나, 맺음마디는 하나밖에 없다. 월을 끝맺는 마디이기 때문이다.

2.2 이은말(구)

(2)에서 '보문단지의 숙소에서'는 두 말도막(어절)으로 되어 있으나 하나의 월조각(성분)의 구실을 하고 있다. 이런 언어형태를 이음말이라 한다.

2.3 말도막(어절)

(2)의 '① 보문단지의 ② 숙소에서 ③ 자고'에서 띄어쓰기의 단위인

①~③을 각각 말도막이라 한다. 따라서 (2) 전체는 일곱 말도막으로 되어 있다.

2.4 낱말

'보문단지의 숙소에서 자고'는 세 말도막으로 되어 있는데 이것을 분석하면 '보문단지의"는 '보문단지'와 '의'로 분석되고 '숙소에서'는 '숙소'와 '에서'로 분석되며 '자고'는 하나로 분석되는데, 이와 같이 말도막을 분석하여 얻어지는 하나하나를 낱말이라고 한다. 국어에서 토씨는 하나의 낱말로 인정하나 씨끝은 낱말로 인정하지 않는다. 따라서 앞 (2)는 열하나의 낱말로 되어 있다.

2.5 형태소

'찾아갔다'는 하나의 낱말이나 이것을 분석하면 '찾-아-가-ㅆ-다'로 되는데, 이들 하나하나를 형태소라 한다. 따라서 이 낱말은 다섯 개의 형태소로 된 합성움직씨인 것이다.

(3) 이 꽃이 아주 아름답다.

(이 꽃이 = ①, 아주 아름답다 = ②)

(3)에서 ①은 임자조각이요 ②는 풀이조각으로 (3)의 월 전체를 이루는 직접성분이 되는데 ①에서 '이'는 '꽃이'를 꾸미는 매김말이며 '꽃이'는 임자말로서 각각 임자조각의 직접성분이 된다. 그리고 ②에서 '아주'는 풀이말 '아름답다'를 꾸미는 어찌말이며 '아름답다'는 풀이말로서 각각 풀이조각을 이루는 직접성분이 된다. 위의 (3)에서 임자말은 '꽃-이'로 이루어져 있고 풀이말은 '아름-답-다'로 되어 있는데 임자말은 자립형태소 '꽃'과 구속형태소 '-이'로 되어 있고 풀이말은 '아름(구속형태소)+답(구속형태소)+다(구속형태소)'로 되어 있는데 직접성분이 '자립형태소+구속형태소'로 되어 있든가 '구속형태소'로

만 되어 있는 언어형태적 짜임새를 형태적짜임새라고 하고 '이 꽃이', '아주 아름답다'는 모두가 자립형태소로 되어 있는데, 이와 같은 언어형태적 짜임새를 통어적 짜임새라고 한다.

3. 월의 짜임새

국어의 월은 서술어에 따라 다음과 같이 이루어진다.

(4) ㄱ. 임자말+제움직씨
ㄴ. 임자말+남움직씨
ㄷ. 임자말+그림씨
ㄹ. 임자말+임자씨+이다(아니다)

이제 이들 하나하나에 대하여 살펴보기로 한다.

3.1 '임자말+제움직씨'로 되는 월

(5) ㄱ. 그는 서울에서 산다.
ㄴ. 철수는 서울로 간다.
ㄷ. 그녀는 집에 있다.

(5ㄱ)과 (5ㄷ)의 풀이말은 위치말 '서울에서'와 '집에'와 같은 조각(성분)을 필요로 하고 (5ㄴ)의 풀이말은 방향말을 필요로 한다. 그러니까 국어의 제움직씨는 그 앞에 위치말과 방향말의 두 가지를 취하는 구실을 가지고 있음을 알 수 있다. 물론 경우에 따라서는 이들 조각을 한 월 안에서 다 가질 수도 있다(월에 따라 연유말도 가진다).

3.2 '임자말+남움직씨'로 되는 월

(6) ㄱ. 그는 책을 읽는다(샀다).

ㄴ. 철이는 칼로 연필을 깎는다.

ㄷ. 그미는 집에서 어머니를 간호한다.

ㄹ. 그는 뉴욕으로 워싱턴으로 여행을 하였다.

ㅁ. 철수는 선생님한테서 마음을 샀다.

(6ㄱ)의 남움직씨는 부림말을, (6ㄴ)의 남움직씨는 연유말과 부림말을, (6ㄷ)의 남움직씨는 위치말과 부림말을, (6ㄹ)의 남움직씨는 방향말과 부림말을 (6ㅁ)의 남움직씨는 위치말과 부림말을 각각 필요로 하고 있다. 이와 같이 남움직씨는 부림말, 위치말, 연유말, 방향말 등 다양한 월조각을 필요로 한다. 그런데, 남움직씨가 풀이말일 때 월의 짜임새에 따라서는 이들 여러 조각을 하나의 월 안에서 동시에 가질 수 있음은 물론이다.

3.3 '임자말+그림씨'로 되는 월

(7) ㄱ. 이 꽃이 아름답다.

ㄴ. 그미는 마음이 곱다.

ㄷ. 철수는 그의 아버지와 같다.

(7)에서 보는 바와 같이 그림씨가 풀이말이 될 때의 월의 짜임새는 위의 세 경우인 듯하다. 즉 '임자말+풀이말인 그림씨'로 되거나 '임자말+풀이마디'로 짜여지거나 '임자말+견줌말+풀이말'로 되는 경우이다. 월에 따라 견줌말 대신에 함께말이 올 수도 있다.

3.4 '임자말+임자씨+이다(아니다)'로 되는 월

(8) ㄱ. 이것이 책이다.

ㄴ. 이것이 책이 아니다.

잡음씨 '이다/아니다'가 풀이말일 때의 월의 짜임새는 (8ㄱ~ㄴ)과 같다.

3.5 매김말과 어찌말

매김말과 어찌말은 월의 기본적인 짜임새와는 관
3.1~3.4까지의 모든 월에 다 쓰일 수 있다. 그것은 매김
로 된 월의 조각을 꾸미고 어찌말은 풀이말을 꾸미기 때문이다.

4. 월의 갈래

월은 판단형식과 들을이에 대한 의향과 월 자체의 짜임새에 따라 세 부류로 나누게 된다.

4.1 판단형식에 따른 월의 갈래

4.1.1 풀이말이 움직씨로 되는 월

(9) ㄱ. 꽃이 핀다.
ㄴ. 아이가 팽이를 돌린다.
ㄷ. 어린이가 침대에서 잠을 잔다.

4.1.2 풀이말이 그림씨로 되는 월

(10) ㄱ. 무궁화가 아름답다.
ㄴ. 라일락꽃이 향기롭다.

4.1.3 풀이말이 잡음씨로 되는 월

(11) ㄱ. 이것이 연필이다.
ㄴ. 철수가 어린이가 아니다.

4.2 들을이에 대한 말할이의 의향에 따른 월의 갈래

4.2.1 서술월: 들을이에 대한 요구가 없는 월

(12) ㄱ. 학생이 공부한다.

ㄴ. 꽃이 향기롭다.

ㄷ. 이것이 무궁화이다.

4.2.2 물음월: 들을이에게 묻는 월

(13) ㄱ. 너는 학교에 다니느냐?

ㄴ. 이 물이 깨끗하냐?

ㄷ. 이 책이 삼국사기이냐?

4.2.3 시킴월: 들을이에게 요구하는 월

(14) ㄱ. 어서 집으로 가거라.

ㄴ. 이것을 잘 읽어 보아라.

4.2.4 꾀임월: 들을이에게 말할이와 함께 행동하기를 요구하는 월

(15) ㄱ. 우리 모두 같이 가자.

ㄴ. 우리 서로 도우자.

ㄷ. 모두들 부지런하자.

4.3 월 자체의 짜임새에 따른 월의 갈래

4.3.1 홑월: 임자말과 풀이말의 짜임이 한 번만 성립되는 월

(16) ㄱ. 기차가 달린다.

ㄴ. 달이 밝다.

ㄷ. 이 꽃이 무궁화이다

4.3.2 겹월: 임자말과 풀이말의 짜임이 두 번 이상 되풀이되는 월

(17) ㄱ. 정이월 다 가고 삼월이라네. (이음겹월)

ㄴ. 그의 지조가 굳셈이 철석과 같다. (임자마디겹월)

ㄷ. 철수는 내가 지은 책을 읽고 있다. (매김마디겹월)

ㄹ. 저 나그네가 구름에 달이 가듯이 가고 있다. (어찌마디겹월)

ㅁ. 철수는 머리가 아주 좋다. (풀이마디겹월)

4.4 갖은월과 안갖은월

월에서는 풀이말이 중심이므로 풀이말이 있는 월을 갖은월이라 하고 풀이말이 없는 월을 안갖은월이라 한다.

(18) ㄱ. 하나님 아버지시여!

ㄴ. ㉮ 너는 어디 가느냐?

㉯ 학교에.

ㄷ. 철수는 어제 미국에서 왔다.

(18ㄱ)과 (18ㄴ)의 ㉯는 안갖은월이요, (18ㄴ)의 ㉮와 (18ㄷ)은 갖은월이다.

5. 월의 조각(성분)

국어의 월조각(월성분)은 풀이말과 임자씨에 토씨가 붙어서 이루어진다. 움직씨, 그림씨, 잡음씨는 풀이말이 되지마는 매김법으로 끝바꿈하면 매김말이 되고 이름법으로 끝바꿈하면 토씨를 취하여 그 토씨의 갈래에 따라 여러 가지 월조각이 된다. 임자씨는 토씨를 취하여

토씨의 갈래에 따라 여러 가지 월성분이 되고 토씨가 없이 임자씨가 임자말을 꾸미면 매김말이 될 수도 있다. 매김씨는 매김말이 되고 어찌씨는 어찌말이 됨은 물론 부름토씨는 이름씨에 오면 그 이름씨는 홀로말이 된다. 그러므로 먼저 토씨에 의한 월조각의 갈래부터 보기로 하자.

5.1 토씨에 의한 월조각

토씨 가운데 임자씨에 붙어서 그 말도막이 어떠한 월조각으로서의 기능이나 자격을 나타내게 하여 주는 토씨에는 자리토씨와 이음토씨와 부름토씨가 있다. 자리토씨와 부름토씨는 기능을 나타내고 이음토씨는 자격을 나타낸다.

5.1.1 자리토씨

자리토씨에 따른 월조각에는 임자말, 부림말, 위치말, 연유말, 방향말, 견줌말, 부름말이 있다.

① 임자자리토씨 ② 부림자리토씨
③ 위치자리토씨 ④ 연유자리토씨
⑤ 방향자리토씨 ⑥ 견줌자리토씨
⑦ 부름자리토씨

5.1.2 도움토씨

도움토씨는 임자씨는 물론 이은말이나 마디에 붙기도 하여 어떤 뜻을 나타내는 구실을 하므로 어떤 기능이나 자격과는 관계가 없다.

5.1.3 이음토씨

이음토씨는 월조각을 이어 주기만 하고 자리는 정해 주지 못하므로 토씨로서의 자격만을 갖는다.

5.1.4 특수토씨

특수토씨는 마디에나 월에 붙어 어떤 일정한 월조각이 되게 하는 기능을 가지고 있다. 즉 다음과 같다.

① 맺음특수토씨
  ㉠ 감탄특수토씨: 감탄월을 만든다.
  ㉡ 존칭특수토씨: 풀이말에 붙어 존칭하는 월을 만든다.
② 마디이음특수토씨
  ㉠ 견줌특수토씨: 마디로 하여금 견줌마디가 되게 한다.
  ㉡ 조건특수토씨: 조건마디를 만든다.
③ 따옴특수토씨: 따옴월이 되게 한다.

5.2 이은말에 의한 월조각

5.2.1 이은말이란?

이은말은 월에서 하나의 낱말과 같은 구실을 하는 말무리로서, 그 안에 임자말과 풀이말을 가지고 있지 않을 수도 있어 몇 개의 낱말로 이루어지는 것이므로 낱말보다는 크나, 마디보다는 작으면서도 단순한 짜임새의 말무리이다. 마디를 이루는 요소가 되나, 대개 임자말을 갖추지 못한다.

5.2.2 이은말의 갈래

이에는 풀이이은말과 임자이은말의 둘이 있다.

5.2.2.1 풀이이은말

풀이씨의 구실을 하는 이은말을 일컫는다.

1) '으뜸풀이말+매인풀이말'로 된 이은말(밑줄 부분 참조)

이것은 매인풀이말의 종류만큼(19가지만큼) 있다. 다음 밑줄 부분이 풀이이은말이다.

(19) ㄱ. 그는 공부하지 않는다.
ㄴ. 너는 서울 가지 말아라.
ㄷ. 그미는 착하지 아니하다.
ㄹ. 저 소가 죽게 되었다.
ㅁ. 이 시합에서 이겨야 한다.
ㅂ. 그는 밤마다 들락날락 한다.
ㅅ. 철이는 자주 오기도 한다.
ㅇ. 그는 기어코 이겨 내었다.

2) 같은 말이 되풀이되어 힘줌을 나타내는 이은말(밑줄 부분 참조)

(20) ㄱ. 높고 높은 부모 은혜
ㄴ. 높으나 높은 곳에
ㄷ. 기나 긴 한강 줄기
ㄹ. 멀고 먼 곳에
ㅁ. 크나 큰 은혜
ㅂ. 나이를 먹으면 먹을수록 건강하다.

ㅅ. 그가 떡을 먹었으면 먹었지 왜 야단이야.

ㅇ. 돌고 도는 물레방아 신세.

ㅈ. 묻고 묻고 또 묻네.

ㅊ. 빨리 빨리 먹어라.

3) 관습적인 표현을 하는 이은말(밑줄 부분 참조)

(21) ㄱ. 그렇게 하다가는 꾸중 듣기 십상이다.

ㄴ. 공부하면 잘 되기 마련이다.

ㄷ. 안 잡히기 망정이지 잡혔으면 죽었다.

ㄹ. 장사를 잘 못하면 밑지기 일수이다.

4) 풀이이은말이 매김법으로 끝바꿈하여 매김말의 구실을 함(밑줄 부분 참조)

(22) ㄱ. 일찍 일어나는 어린이

ㄴ. 빈둥빈둥 노는 사람

ㄷ. 거리를 방황하는 건달들

ㄹ. 코를 고는 사람

ㅁ. 아장아장 걷는 아기

5) 풀이이은말이 어찌법으로 끝바꿈하여 어찌말의 구실을 함(밑줄 부분 참조)

(23) ㄱ. 나의 충고를 달게 받아라.

ㄴ. 일을 하는 듯이 하여라.

ㄷ. 강 건너 불을 보듯 보고만 있다.

ㄹ. 너무 더워 견딜 수가 없다.

ㅁ. 산을 넘고 물을 건너 나 여기 왔소.

ㅂ. 그대를 보러 나 여기 왔소.

ㅅ. 그는 번개와 같이 달려 왔다.

5.2.2.2 임자이은말

이에는 '매김말+임자씨+토씨'로 되는 이은말과 '풀이이은말'이 '-음', '-기'이름법이 되어 그 뒤에 토씨를 취함으로써 월조각이 되는 이은말의 두 가지가 있다.

1) '매김말+임자씨+토씨'로 되는 이은말일 때는 토씨의 기능에 따라 월조각이 됨(밑줄 부분 참조)

(24) ㄱ. 작은 고추가 맵다. (임자말)

ㄴ. 밝은 달을 쳐다보니 외롭기 한이 없네. (부림말)

ㄷ. 얻은 떡이 두레 반이라. (임자말)

ㄹ. 어두운 밤에 불국사를 찾아갔다. (위치말)

ㅁ. 그런 마음으로 일을 하면 되겠느냐? (연유말)

ㅂ. 우리는 화려한 뉴욕으로 떠났다. (방향말)

ㅅ. 그미는 예쁜 인형같이 생겼다. (견줌말)

ㅇ. 궐기한 대중의 힘. (매김말)

ㅈ. 달아, 달아, 밝은 달아. 이태백이 놀던 달아. (홀로말)

2) 풀이이은말이 이름법 '-음', '-기'로 끝바꿈하여 그 뒤에 여러 가지 자리토씨를 취하여 그에 따른 월조각이 됨(밑줄 부분 참조)

(25) ㄱ. 너를 자주 찾아오기가 민망스럽다. (임자말)

ㄴ. 고시에 합격하기를 나는 고대하고 있다. (부림말)

ㄷ. 여기는 공기가 맑아 조용히 살기에 아주 좋은 곳이다. (위치말)

ㄹ. 나는 이곳에 살기로 결심하였다. (연유말)

ㅁ. 교회의 덕 세우기를 위하여. (부림말)

ㅂ. 김구 선생을 존경함은 나라를 자랑함과 다를 바 없다. (임자말, 견줌말)

ㅅ. 여기서 살기는 징역을 살기와 뭐가 다르랴. (임자말, 견줌말)

ㅇ. 그는 밤낮없이 공부하기에 정신이 없다. (위치말)

3) '풀이씨의 매김법+대용매인이름씨'로 되는 이은말도 임자이은말에 넣을 수 있음(밑줄 부분 참조)

(26) ㄱ. 철수는 날마다 꼭 같은 일을 하는 것에 염증을 느낀다. (위치말)

ㄴ. 그는 여기서 어찌할 줄을 모른다. (부림말)

ㄷ. 그는 당황하여 어찌할 바를 모른다. (부림말)

ㄹ. 여기서 죽을 바에야 힘을 다하여 싸우자. (위치말)

ㅁ. 너를 잊을 수가 있겠느냐? (임자말)

위 3)과 같은 경우는 풀이이은말이 이름법으로 되기 힘들 때에 쓰이는 방법이다. 그러므로 이런 짜임새도 이은말로 보는 것이 말본면에서나 의미면에서 편리할 것 같다.

5.2.2.3 그 외의 이은말

(27) ㄱ. 달님과 해님 (이음토씨로 이은 두 낱말로 된 이은말)

ㄴ. 너 자신 (동격어)

ㄷ. 죽느냐 사느냐가 문제이다. (되풀이되는 풀이말로 된 임자말)

ㄹ. 책 열 권 (셈씨에 의한 이은말)

ㅁ. 손에 손 잡고 (같은 이름씨의 연속으로 된 부림말)

5.3 마디에 의한 월조각

5.3.1 마디의 정의와 갈래

임자말과 풀이말을 갖추고 있으면서 월로서 끝맺지 못하고 월의 조각이 됨에 그치는 말무리를 말한다. 마디는 씨끝바꿈에 의하거나 통사적방법에 의하여 이루어지는데, 이에는 임자마디, 풀이마디, 부림마디, 위치마디, 연유마디, 견줌마디, 매김마디, 어찌마디, 따옴마디 등이 있다. 이들 마디 중 임자마디, 부림마디, 위치마디, 연유마디, 견줌마디 등은 이름마디에 그에 상응하는 토씨가 와서 이루어진다. 이 이외에 월이 마디의 구실을 하기도 한다.

5.3.2 마디 만들기와 월조각

5.3.2.1 씨끝바꿈에 의한 마디와 월조각

이에는 '-음'이름마디와 '-기'이름마디의 둘이 있는데, 여기에 자리토씨가 와서 여러 가지 월조각이 된다. 여기서는 편의상 '-음'이름마디와 '-기'이름마디로 나누어 다루지 아니하고 같이 다루기로 한다.

1) 임자마디

'-음'이름마디와 '-기'이름마디에 임자자리토씨가 와서 되는 마디를 말한다.

(28) ㄱ. ㉮ <u>그는 마음가짐이</u> 바르다.
㉯ <u>철이가 공부함이</u> 남과 다르다.
ㄴ. ㉮ <u>그는 살아가기가</u> 힘들다.
㉯ <u>영희는 마음이 아름답기가</u> 꽃과 같다.

2) 풀이마디

하나의 월이나 이름마디가 풀이말이 되는 것을 말한다.

(29) ㄱ. 코끼리는 코가 길다.
ㄴ. 나는 고향이 그리워진다.
ㄷ. 나는 그의 공부함이 마음에 든다.
ㄹ. 철수의 소원은 우리 나라가 하루 빨리 통일 되기이다.
ㅁ. 그 발 아래 엎드려 참된 평화 얻음은 주의 영이 함께 함이라.

3) 부림마디

'-음'이름마디와 '-기'이름마디 및 월에 부림자리토씨가 와서 되는 마디를 부림마디라 한다.

(30) ㄱ. ㉮ 나는 철이가 빨리 오기를 고대한다.
㉯ 철수는 그가 매일 학교에 가기를 싫어하였다.
ㄴ. ㉮ 철수는 그가 오는지 가는지를 몰랐다.
㉯ 나는 그가 훌륭한 사람임을 몰랐다.

4) 위치마디

이름마디나 월에 위치자리토씨가 와서 이루어지는 마디를 위치마디라 한다.

(31) ㄱ. ㉮ 나는 그가 성공하였음에 놀랐다.
㉯ 우리는 철수가 그 일을 끝맺음에 기뻐하였다.
ㄴ. ㉮ 나는 철수가 일을 잘 하기에 안심을 했다.
㉯ 성공은 우리가 노력하기에 달려 있다.

5) 연유마디

이름마디나 월에 연유자리토씨가 와서 되는 마디를 연유마디라 한다.

(32) ㄱ. ㉮ 철수는 <u>그가 노력하였음으로</u> 성공하였다.
㉯ 올해는 <u>비가 많이 왔음으로</u> 풍년이다.
ㄴ. ㉮ 나는 <u>그가 고시에 합격하였기로</u> 기념패를 주었다.
㉯ 나는 <u>영희가 오기로</u> 약속하여서 기다리고 있다.

6) 견줌마디

이름마디에 견줌자리토씨가 와서 되는 마디를 견줌마디라 한다. 견줌마디에 쓰이는 견줌자리토씨에는 '보다, 만큼, 처럼, 과/와' 등이 있다. 그런데, '처럼'은 '-기'이름마디와 쓰이고 '-음'이름마디와는 잘 쓰이지 않는 것 같다.

(33) ㄱ. ㉮ <u>내가 하나님의 은혜를 받음보다</u> 더 큰 은혜는 없다.
㉯ 철수는 <u>내가 고시에 합격함보다</u> 영희가 합격함을 더 바랬다.
ㄴ. ㉮ 나는 <u>여기 있기보다</u> 집에 있는 것이 더 좋다.
㉯ 나는 <u>비가 오기보다</u> 눈이 오기를 기다린다.
ㄷ. ㉮ <u>누구나 놀고 먹기만큼</u> 편안한 일은 없다.
㉯ 나는 <u>공부하기처럼</u> 좋아하는 일은 없다.
ㄹ. ㉮ 우리가 살아감은 <u>동물이 살아감과</u> 같다.
㉯ <u>그가 훌륭한 학자임과</u> 같이 철수도 훌륭한 학자이다.

7) 매김마디

이름마디 및 매김마디(이름마디+의)가 그 다음에 오는 이름씨를 꾸미는 경우와 마디의 풀이말이 매김법으로 끝바꿈하여 그 다음에 오는 이름씨를 꾸미는 경우가 있다.

(34) ㄱ. 철수는 공부를 좋아하기 때문에 매일 학교에 간다.
ㄴ. 나는 아들이 공부하는 즐거움에 살아 간다.
ㄷ. 사람은 누구나가 노력함의 정도에 따라 성공한다.

8) 어찌마디

어찌마디는 씨끝 '-도록', '-게', '-듯이', '-이' 등에 의하여 이루어진다. 씨끝은 이 외에도 더 있다.

(35) ㄱ. 그는 혀가 닳도록 타일렀다.
ㄴ. 철이는 영희가 잘 살게 도와 주었다.
ㄷ. 날이 밝아지듯이 그의 마음은 밝아졌다.
ㄹ. 그는 돈도 없이 이곳을 떠났다.

9) 따옴마디

따옴토씨 '-고', '-(이)라고'가 붙어서 남의 말을 따오는 마디를 말한다. 따옴마디는 월이 될 수도 있고, 이름마디가 될 수도 있다. 요즈음은 '-는', '-라는' 등이 와서 매김마디의 구실을 하기도 한다.

(36) ㄱ. 철수는 "나는 서울 간다"고 하였다.
ㄴ. 영희는 "내가 왔소"라고 말하였다.
ㄷ. "제일 중요한 것은 공부함"이라고 그는 말하였다.
ㄹ. 철수는 "나는 지금 서울 간다"는 말을 하고 떠났다.

5.3.2.2 통어적방법에 의한 마디와 월조각

이에는 '-는(은 / 을)+것', '-는(은 / 을)+바(지 / 대로 / 척 / 채 …)'

의 꼴로 되는데, 이런 마디가 그 뒤에 오는 토씨 여하에 따라 임자말, 풀이말, 부림말, 위침말, 어찌말 등이 된다. 통어적방법에 의한 마디를 인정한 것은 '매김마디+것' 등을 매김마디가 매인이름씨를 매기는 것으로 처리하면, 통어적 설명상 어려우므로 월의 분석상의 편의를 위하여 이렇게 다루기로 하였다.

(37) ㄱ. 영희는 일을 하는 것이 그의 즐거움이다. (임자말)
ㄴ. 철수는 그가 놀고 먹는 것을 미워한다. (부림말)
ㄷ. 영희는 그미가 학관에 가는 것으로 일과를 삼았다. (연유말)
ㄹ. 영미는 철수가 노력하는 것에 놀랐다. (위치말)
ㅁ. 그가 노력하는 것과 같이 철수도 노력한다. (견줌말)
ㅂ. 나의 형편은 네가 아는 대로이다. (풀이말)

5.3.2.3 하나의 월이 마디의 구실을 하여 월조각을 이룸

(38) ㄱ. 우리는 죽느냐 사느냐가 문제이다. (임자말)
ㄴ. 우리는 이기느냐 지느냐를 놓고 토론하였다. (부림말)
ㄷ. ㉮ 우리는 그가 일을 잘 할까에 대하여 걱정하였다. (위치말)
㉯ 나는 철수가 과연 일등을 하느냐에 신경을 썼다. (위치말)
ㄹ. 그들은 철수가 서울에 가느냐 안 가느냐로 다투었다. (연유말)
ㅁ. 고래는 물고기가 아니다. (풀이말)
ㅂ. 저 학생은 품행이 단정하다. (풀이말)
ㅅ. 철이는 영희가 곰돌이와 결혼하느냐 하지 않느냐의 문제로 금순이와 다투었다. (매김말)
ㅇ. "너는 우리와 같이 안 가겠다"고 우리와 다투었다. (따옴말)
ㅈ. 그는 "우리 나라가 일본과 시합하여 이길 것이다"라고 예언하였다. (따옴말)

2장 통어론의 기초이론

1. 월조각의 줄임
2. 자리옮김
3. 바꿈
4. 거듭 되풀이하기

2장 통어론의 기초이론

1. 월조각의 줄임

우리말의 월조각을 줄이는 일은 관습상, 편의상에 의하므로 일정한 규칙은 없으나 대체적으로 다음과 같은 경우에 줄인다.

1.1 임자말의 줄임

1.1.1 첫째가리킴 임자말의 줄임

첫째가리킴의 임자말은 물음월의 답월, 책의 제목, 공고할 때, 양해를 구할 때, 상대에게 되물을 때는 줄인다. (이 외에도 있으나 줄이기로 한다. 이하 같음.)

(1) ㄱ. ㉮ 너도 갈래?
㉯ 그래, 가겠다. (답월)

ㄴ. 중국 대륙을 가다 (책 이름)

ㄷ. 오후 5시에 문을 닫습니다. (공고)

ㄹ. 실례합니다. (양해)

ㅁ. 이것을 먹을까? (되물음)

1.1.2 둘째가리킴 임자말의 줄임

둘째가리킴의 임자말은 '인사할 때, 시킴월에서, 물음발(의문사)에 의한 물음월에서(기타 물음), 언짢게 말할 때, 조건월' 등에서 줄인다.

(2) ㄱ. 어디 가니? (의문사 물음월)

ㄴ. 철수야, 어디 가니? (상대의 이름을 부르는 월)

ㄷ. 자꾸 떠들래? (언짢게 말하는 월)

ㄹ. 지금 가면, 기분 좋겠다. (조건월)

ㅁ. 어서 가거라. (시킴월)

1.1.3 셋째가리킴 임자말의 줄임

셋째가리킴의 임자말은 '시킴월의 대상일 때, 선택물음월에서의 뒷월의 임자말, 되묻는 물음월에서, 조건월에서, 일반적인 사실을 말할 때'는 줄인다.

(3) ㄱ. 오라, 이 강연장으로. (시킴월)

ㄴ. 비가 오느냐 오지 않느냐? (물음월)

ㄷ. 철수는 차표를 샀나, 샀어? (되묻는 물음월)

ㄹ. 성공하려면 무한한 노력을 하여야 한다. (조건월에서의 일반적인 사실일 때)

1.2 풀이말의 줄임

풀이말은 '풀이말이 같을 때, 시킴월에 대한 답월에서, 꾀임월에서 그 내용을 모를 때, 선택월의 답월에서, 시킴월이나 물음월에서 그 가부의 의사를 말할 때, 작은월에서' 준다.

(4) ㄱ. 철이는 책을, 영수는 신문을 읽는다. (앞 마디의 풀이말이 줄었다)
ㄴ. ㉮ 이것을 가져 가거라.
㉯ 왜? (반문할 때)
ㄷ. ㉮ 우리 도망갈까?
㉯ 왜? (꾀임월에서 내용을 모를 때)
ㄹ. ㉮ 비빔밥을 먹을까, 육개장을 먹을까?
㉯ 육개장. (선택물음월에서 그 답월)
ㅁ. ㉮ 너는 서울 갈래?
㉯ 아니. (가부의사를 물을 때)
ㅂ. 개밥에 도토리. 아닌 밤중에 홍두깨. (작은월)

1.3 부림말의 줄임

1.3.1 첫째가리킴 부림말의 줄임

'나를'은 다음과 같은 월에서 줄인다. (괄호 안 참조)

(5) ㄱ. 나는 오늘 늦게 오니까, (나를) 기다리지 말라. (맺음마디에서)
ㄴ. ㉮ 영희가 너를 믿겠나, 철수가 너를 믿겠나?
㉯ 영희가 (나를) 믿겠지. (선택물음월의 답월에서)
ㄷ. 나를 영수가 좋아하나, (나를) 철수가 좋아하나? (선택물음월에서 뒷월의 부림말)

1.3.2 둘째가리킴 부림말의 줄임

'너를'은 다음 예문과 같은 월에서 줄인다. 아래의 예에서 보면 이음월의 뒷월에서 '너를'이 준다. (괄호 안 참조)

(6) ㄱ. (네가) 열심히 공부하면 (너를) 귀여워할게.
ㄴ. 얘, 까불면 (너를) 때린다.

1.3.3 셋째가리킴 부림말의 줄임

(7) ㄱ. 밥을 주면 너는 (밥을) 먹겠니?
ㄴ. 너는 이 약을 먹겠니, (이 약을) 안 먹겠니?
ㄷ. 너에게 이 만년필을 줄까, (이 만년필을) 주지 말까?
ㄹ. 멧돼지가 달아나기에 총을 쏘아 (멧돼지를) 잡았다.
ㅁ. 나는 약을 먹을까, (약을) 먹지 말까?

위의 예에서 보면 뒷월에서 부림말이 준다. (괄호 안 참조)

1.4 위치말, 연유말, 방향말, 견줌말, 함께말의 줄임

1.4.1 위치말, 방향말, 함께말의 줄임

(8) ㄱ. 철수는 집에서 공부하는데, 영희는 (집에서) 낮잠만 잔다. (위치말)
ㄴ. 영희는 학교에서 집으로 왔으나 철수는 (학교에서 집으로) 오지 않았다. (위치말, 방향말)
ㄷ. 연필을 깎아야 (그것으로) 글을 쓰지. (연유말)
ㄹ. 영순아, 어서 (그와) 같이 가거라. (함께말)

이상과 같은 경우(괄호 안 참조)가 아니라도 견줌말이나 함께말이 주는 예를 보이면 다음과 같다.

1.4.2 견줌말의 줄임

① 풀이말이 가리킴그림씨 '그러하다, 이러하다' 등으로 되면 견줌말이 준다. (괄호 안의 밑줄 부분 참조)

(9) ㄱ. 여기는 공기가 맑은데, 서울은 그렇지 아니하다(서울은 여기와 같이 맑지 아니하다).
ㄴ. 여기 사람들은 친절하나, 이웃마을 사람들은 이렇지 아니하다 (이웃마을 사람들은 여기 사람들과 같이 친절하지 아니하다).

(9ㄱ~ㄴ)의 '그렇지 아니하다', '이렇지 아니하다'는 '맑지 아니하다', '친절하지 아니하다'의 뜻이면서 지우고 있으므로, 굳이 견줌말이 필요하지 아니한 때문에 줄일 수 있다.

② 풀이말이 견줌말을 필요로 하는 '같다, 다르다, 비슷하다, 닮다 …' 등이고 임자말이 겹수이면서 월의 짜임새가 '-은+-이+같다(다르다/비슷하다/닮다…)'식으로 되면 견줌말이 필요 없게 된다.

(10) ㄱ. 우리는 얼굴이 서로 비슷하다.
ㄴ. 너희는 어쩌면 솜씨가 다 비슷하냐?
ㄷ. 그들은 하는 짓이 아주 같다.
ㄹ. 너희는 왜 솜씨가 서로 다르냐?

(10ㄱ~ㄹ)의 임자말이 홑수가 되면 견줌말이 필요하게 된다.

1.4.3 함께말의 줄임

① 베풂월에서도 함께말이 알려져 있고, 어찌씨 '같이, 함께, …' 등

이 쓰일 때는 함께말이 주는 일이 있다.

(11) ㄱ. 나는 이렇게 같이 산다. ('그와', '아내와', '아버지와', … 등이 줆.)
ㄴ. 철수는 언제나, 저리 함께 다닌다. ('영수하고', '영희하고', … 등이 줆.)
ㄷ. 돌이도 함께 까분다. ('영수와', '철수와', … 등이 줆.)

② 물음월에서 함께말에 해당하는 사람을 서로가 분명히 알고 있으면, 줄이는 일이 있다.

(12) ㄱ. 너는 같이 가나? ('아버지하고', '신랑하고', … 등이 줆.)
ㄴ. 철수야, 같이 가겠니? ('나하고', '아버지하고', … 등이 줆.)
ㄷ. 너는 서로 도우겠니? ('철수하고', '영희하고', … 등이 줆.)

1.5 매김말의 줄임

매김말이나 가리킴매김씨가 거듭 쓰일 경우에 주는 일이 있다.

첫째, '① 매김말+임자씨+② 매김말+임자씨'의 짜임새에서, 매김말 ①과 ②가 같을 때, 뒤의 것은 줄어든다.

(13) ㄱ. 많은 남학생과 (많은) 여학생이 청소를 하고 있다.
ㄴ. 아름다운 꽃과 (아름다운) 풀이 매우 향기롭다.

둘째, 가리킴매김씨 '이, 그, 저'가 거듭 쓰일 때는 뒤의 것은 준다.

(14) ㄱ. 이 책과 (이) 공책은 누구의 것이냐?
ㄴ. 저 옷과 (저) 모자를 가져 가거라.

이들 매김씨 외에도 같은 매김씨나 매김말이 거듭 쓰일 때는 위와 같이 줄어든다.

(15) ㄱ. 나는 새 옷과 (새) 신발을 사 왔다.
ㄴ. 헌 처녀와 (헌) 총각이 같이 산다.
ㄷ. 착한 남학생과 (착한) 여학생이 공부를 잘 한다.

1.6 어찌말의 줄임

1.6.1 모양어찌씨 앞에 오는 정도어찌씨의 줄임

(16) ㄱ. ㉮ 그는 공부를 아주 잘 한다.
㉯ 그는 공부를 잘 한다.
ㄴ. ㉮ 그미는 아주 태연히 있다.
㉯ 그미는 태연히 있다.

1.6.2 임자씨를 꾸미는 매김말 앞의 정도어찌씨는 줄임

(17) ㄱ. ㉮ 영희는 꽤 아름다운 미인이다.
㉯ 영희는 아름다운 미인이다.
ㄴ. ㉮ 그는 약간 돈 사람이다.
㉯ 그는 돈 사람이다.

1.7 둘 이상의 월조각을 줄이는 경우(괄호 안 참조)

(18) ㄱ. ㉮ 너는 이것을 먹을래?
㉯ (나는 이것을) 안 먹겠다. (임자말, 부림말)
ㄴ. ㉮ 그는 내일 집에 있을까?
㉯ (그는 내일 집에) 없을 걸. (임자말, 어찌말, 위치말)

1.8 월의 줄임: '아니', '그래', '몰라' 등으로 줄임

(19) ㄱ. ㉮ 너는 내일 학교에 가겠니?
㉯ 아니. (나는 내일 학교에 안 간다.)
ㄴ. ㉮ 내가 너에게 이 책을 줄까?
㉯ 그래. (네가 나에게 이 책을 다오.)
ㄷ. ㉮ 그는 내일 서울 갈까?
㉯ 몰리. (그는 내일 서울 갈지 안 갈지를 모른다.)

1.9 겹월에서의 줄임

겹월에서 앞뒤 월을 이을 때, 뒷월 앞에 이음어찌씨가 오면 앞월의 풀이말의 씨끝이 줄면서 이음어찌씨와 같은 이음씨끝이 되어 앞월이 이음월로 된다.(밑줄 부분 참조)

(20) ㄱ. ㉮ 그가 밥을 먹고 있다. 그런데 철수가 찾아왔다.
㉯ 그가 밥을 먹고 있는데 철수가 찾아왔다.
ㄴ. ㉮ 철수는 밥을 먹는다. 그러다가 갑자기 집을 나갔다.
㉯ 철수는 밥을 먹다가 갑자기 집을 나갔다.
ㄷ. ㉮ 영희는 학교에 간다. 그러면서 책을 읽는다.
㉯ 영희는 학교에 가면서 책을 읽는다.

위와 같은 현상은 모든 이음씨끝에서 다 이루어진다. 이름마디, 매김마디, 어찌마디의 경우도 같다.

ㄹ. ㉮ 철이는 노래하는 것을 좋아한다.
㉯ 철이는 노래하기를 좋아한다.
ㅁ. ㉮ 나는 철수를 믿는다. 철수는 나의 친구이다.
㉯ 내가 믿는 철수는 나의 친구이다.
ㅂ. ㉮ 이 꽃이 아름답다. 이 꽃이 활짝 피었다.

㉯ 이 꽃이 아름답게 (이 꽃이) 활짝 피었다.

1.10 토씨나 관용구에 의한 줄임

(21) ㄱ. ㉮ 그로부터 온 편지

㉯ 그로부터의 편지 ('온'이 줆)

ㄴ. ㉮ 집에 있어서는 모르는 일

㉯ 집에서는 모르는 일

ㄷ. ㉮ 저기에도 일이 많을 뿐만 아니라 여기에도 일이 많다.

㉯ 저기뿐만 아니라 여기에도 일이 많다.

ㄹ. ㉮ 너도 우리가 고생한 것을 알겠지마는 우리는 여간 고생한 게 아니다.

㉯ 너도 알겠지마는 우리는 여간 고생한 게 아니다.

2. 자리옮김

국어에서는 말을 강조하거나 율조를 위하여 월조각의 자리를 옮기는 일이 있다. (밑줄 부분 참조)

(22) ㄱ. ㉮ 나는 오늘 이 일을 마쳐야 한다.

㉯ 오늘 나는 이 일을 마쳐야 한다.

ㄴ. ㉮ 그는 일을 잘 한다.

㉯ 일을 그는 잘 한다(잘한다, 그는 일을).

ㄷ. ㉮ 밥을 어서 먹어라.

㉯ 먹어라, 어서 밥을.

ㄹ. ㉮ 38선아 가거라.

㉯ 가거라, 38선아.

ㅁ. ㉮ 나와 너는 친구다.

㉯ 너는 나와 친구다.

3. 바꿈

하나의 월조각을 다른 말로 바꾸어 말하는 경우가 종종 있다. (밑줄 부분 참조)

(23) ㄱ. ㉮ 집으로 오는 길
　　㉯ 집으로의 길
ㄴ. ㉮ 선생으로서 갖추이야힐 자질
　　㉯선생으로서의 자질
ㄷ. ㉮ 죽느냐 사느냐 하는 문제
　　㉯ 죽느냐 사느냐의 문제
ㄹ. ㉮ 내가 일하는 것은 자식을 공부시키기 위해서 일한다.
　　㉯ 내가 일하는 것은 자식을 공부시키기 위해서이다.
ㅁ. ㉮ 그는 착하기도 착하다.
　　㉯ 그는 착하기도 하다.

4. 거듭 되풀이하기

강조하기 위하여 하나의 말이나 대등한 말을 거듭하여 나타내는 일이 있다. (밑줄 부분 참조)

(24) ㄱ. 어른, 아이 모두 모였다.
ㄴ. 이름도 성도 없다.
ㄷ. 너와 나를 미워한다고?
ㄹ. 그들은 노래하고 춤추며 하루를 보냈다.
ㅁ. 묻고 묻고 또 묻네.
ㅂ. 산에 들에 꽃이 피네….
ㅅ. 가자. 어디로, 들로 산으로….
ㅇ. 영희는 철수하고 선미하고 같이 갔다.

ㅈ. 이 아름다운 강산.

ㅊ. 주 선생의 일생의 저서.

ㅋ. 넓고 넓은 바닷가에 오막살이 집 한 채.

ㅍ. 그는 일을 빨리빨리 잘 한다.

ㅍ. 새야 새야 파랑새야, 녹두낡에 앉지 마라.

ㅎ. 여보 여보 거북님, 내 말 들어보.

3장 홑월

1. 풀이씨의 통어적 구실

2. 임자씨의 통어적 구실

3장 홑월

홑월이란 임자조각과 풀이조각이 한번의 관계로 이루어지는 월을 말한다. 월은 풀이말을 중심으로 하여 여러 월조각이 이에 이끌려 만들어지는데, 부림말, 위치말, 연유말, 방향말, 견줌말, 어찌말은 풀이말에 이끌려 풀이조각이 되고 여기에 임자말이 이끌려 하나의 월이 이루어진다.

1. 풀이씨의 통어적 구실

풀이말이 되는 으뜸씨는 풀이씨인데, 풀이씨에는 움직씨, 그림씨, 잡음씨가 있다. 이 이외에 풀이말을 만드는 것에는 풀이이은말과 풀이마디가 있는데, 이은말과 마디에 대하여는 앞 1장에서 이미 자세히 설명하였다. 그러므로 이들 풀이말에 의한 의향법과 그에 의한 월의 종류 및 그 의미적 구실을 살펴보기로 한다.

1.1 서술월(베풂월)

풀이씨가 풀이말이 되어 서술을 나타내는 월을 서술월이라 한다. 서술월에서는 서술은 물론 약속, 느낌, 지움, 입음, 하임 등의 다양한 뜻의 월을 이룬다.

1.1.1 서술월

첫째, 서술월의 풀이말은 움직씨, 그림씨, 잡음씨는 물론 풀이이은말, 풀이마디가 된다.

(1) ㄱ. 꽃이 아름답게 피었다.
ㄴ. 철수는 매우 착하다.
ㄷ. 그는 마음이 착하다.

둘째, 으뜸풀이말과 매인풀이말이 합하여 하나의 풀이말이 된다.

(2) ㄱ. 철수는 공부를 하지 아니한다.
ㄴ. 나는 오늘 등산할까 한다.
ㄷ. 그는 고향에 가고 싶어한다.

셋째, '매김말＋매인이름씨＋이다'가 풀이말이 되기도 한다.

(3) ㄱ. 철수는 힘껏 달리는 것이었다.
ㄴ. 여러분, 열심히 일하여 주기를 바라는 바이다.
ㄷ. 내일은 틀림없이 비가 올 것이다.

1.1.2 서술월의 서술행위

1.1.2.1 설명

(4) ㄱ. 오늘은 한글날이다.
ㄴ. 철수는 아주 성실하다.
ㄷ. 영희는 매일 열심히 공부한다.

1.1.2.2 견줌

1) 견줌을 나타내는 풀이씨

이에는 움직씨와 잡음씨, 가리킴그림씨를 제외한 감각그림씨, 정의적그림씨, 평가그림씨, 이지그림씨, 행동그림씨, 신구그림씨, 견줌그림씨, 셈숱그림씨, 등이 될 수 있다.

2) 견줌의 종류와 형식

① 토씨에 의한 견줌

가. 같은 견줌과 비슷한 견줌
견줌에 쓰이는 토씨와 그 뜻은 다음과 같다.

(5) ㄱ. 동일함의 뜻을 나타내는 토씨: 같이
ㄴ. 비슷함의 뜻을 나타내는 토씨: 처럼, 시피

(6) ㄱ. 그는 그의 아버지같이 생겼다.
ㄴ. 철수는 원숭이처럼 나무를 잘 탄다.
ㄷ. 그는 놀다시피, 일을 쉽게 잘 한다.

나. 우위급 견줌: 이에 쓰이는 토씨에는 '보다'가 있다.

(7) ㄱ. 이것은 저것보다 낫다.

ㄴ. 나는 너보다 공부를 잘한다.

② 어찌씨에 의한 견줌: 이때 쓰이는 어찌씨는 정도어찌씨이다.

(8) ㄱ. 철수는 공부를 아주 잘 한다.

ㄴ. 그는 밥을 많이 먹는다.

ㄷ. 영희는 여러 후보 중에서 가장 예쁘다.

(8ㄱ)에서는 정도어찌씨 '아주' 다음에 방편어찌씨 '잘'이 쓰임이 원칙이다. (8ㄴ~ㄷ)에서는 정도어찌씨가 풀이말 앞에 바로 쓰이어, 그 정도가 어떠함을 보임으로써 견줌의 정도를 나타내고 있다.

③ 씨끝에 의한 견줌: 씨끝 '-듯이'가 견줌을 나타낸다.

(9) ㄱ. 구름에 달 가듯이, 가는 나그네.

ㄴ. 네가 보듯이 그미는 미인이다.

④ 견줌그림씨에 의한 견줌: '같다, 다르다, 비슷하다, 유사하다 …' 등에 의하여 견줌을 나타내기도 한다.

(10) ㄱ. 너는 나와 같이 일하여라.

ㄴ. 그는 영희와는 달리 공부를 잘 한다.

ㄷ. 고양이는 호랑이와 비슷하게 생겼다.

⑤ 견줌에 대한 몇 가지 용어

(11). ㄱ. 철수는 영수보다 키가 크다
X Y Cl C Z

ㄴ. 철수는 영희보다 더 무겁다.
X Y Cl CM Z

(11ㄱ~ㄴ)에서 X는 견주어지는 말, Y는 견줌기준말, CI는 견줌토씨, CM은 견줌표지(정도어찌씨), C는 견줌대상, Z는 견줌척도(견줌보부) 등으로 부르기로 한다. 따라서 (11ㄱ)은 '철수의 키'와 '영수의 키'를 견주고 있고, (11ㄴ)은 철수와 영수의 무게를 견주고 있다.

1.1.2.3 매인풀이말과의 결합

(12) ㄱ. 매인움직씨

㉮ 지움매인움직씨: 아니하다, 못하다

㉯ 하임매인움직씨: 하다, 만들다

㉰ 입음매인움직씨: 지다, 되다

㉱ 나아감매인움직씨: 가다, 오다, 있다

㉲ 끝남매인움직씨: 나다, 내다, 버리다

㉳ 섬김매인움직씨: 주다, 드리다, 바치다

㉴ 해보기매인움직씨: 보다

㉵ 힘줌매인움직씨: 대다, 쌓다, 죽다, 터지다, 빠지다, 제끼다, 재치다, 떨어지다, 치우다, 못살다

㉶ 마땅매인움직씨: 하다

㉷ 그리여김매인움직씨: 하다

㉸ 가식매인움직씨: 체(척)하다, 양하다

㉹ 될뻔함매인움직씨: 뻔하다

㉺ 두기매인움직씨: 두다, 놓다, 가지다

㉻ 바람매인움직씨: 싶어하다, 하다

㉮′ 낭비매인움직씨: 먹다

㉯′ 존재매인움직씨: 있다

㉰′ 의도매인움직씨: 하다

㉱′ 되풀이매인움직씨: 하다(－락－락 씨끝 뒤에서)

ㄴ. 매인그림씨

㉮ 바람매인그림씨: 싶다, 지다

㉯ 지움매인그림씨: 아니하다, 못하다

㉰ 그리여김매인그림씨: 하다

㉱ 미룸매인그림씨: 보다, 싶다, 듯하다, 듯싶다, 법하다

㉲ 값어치매인그림씨: 만하다, 직하다

이제 보기를 들고 풀이하기로 한다.

(13) ㄱ. ㉮ 나는 학교에 가지 아니한다.

㉯ 그는 학교에 가지 못한다.

ㄴ. ㉮ 나는 그를 학교에 가게 하였다.

㉯ 그는 철수를 공부하게 만들었다.

ㄷ. ㉮ 그는 학교에 가게 되었다.

㉯ 고기가 잘 낚아 진다.

㉰ 이런 덫에도 호랑이가 잡아 진다.

ㄹ. ㉮ 일이 잘 되어 간다.

㉯ 적군이 밀고 온다.

㉰ 그는 글을 읽고 있다.

ㅁ. ㉮ 나는 이 일을 해 내었다.

㉯ 그는 시합에서 철이를 이겨 내었다.

㉰ 그는 시험에 떨어져 버렸다.

ㅂ. ㉮ 나는 그를 도와 주었다.

㉯ 나는 아버님께서 이 일을 일러 바쳤다.

ㅅ. 나는 그 일을 해 보았다.

ㅇ. ㉮ 그는 까불어 댄다.

㉯ 그는 밥을 먹어 쌓는다.

㉰ 그는 좋아 죽는다.

㉱ 이 맛은 시어 터졌다.

㉲ 그는 자꾸 먹어 제꼈다.

㉳ 그는 책을 마주 읽어 재쳤다.

㉳ 그는 골아 떨어졌다.

㉴ 그는 일을 잘 해 치웠다.

㉵ 그는 좋아서 죽고 못 산다.

ㅈ. 너는 공부하여야 한다.

ㅊ. 그는 공부하기는 한다.

ㅋ. ㉮ 그는 일하는 체(척)한다.

㉯ 그는 일하는 양한다.

ㅌ. 너는 합격할 뻔하였다.

ㅍ. ㉮ 먹어 두어라.

㉯ 받아 놓아라.

㉰ 네가 받아 가져라.

ㅎ. 그는 고향에 가고 싶어한다.

ㄱ′. 그는 유산을 모두 팔아 먹었다.

ㄴ′. 아름다운 꽃이 피어 있다.

ㄷ′. ㉮ 나는 고향갈까 한다.

㉯ 그는 공부하고자 한다.

㉰ 그는 공부하려고 한다.

ㄹ′. 석양에 갈매기는 오락가락 하다.

(14) ㄱ. ㉮ 나는 조용히 살고 싶다.

㉯ 보고 지고 보고 지고

ㄴ. ㉮ 그미는 아름답지 아니하다.

㉯ 그미는 아름답지 못하다.

㉰ 그미는 착하다 못하여 밉기까지 하다.

ㄷ. 그미는 착하기는 하다.

ㄹ. ㉮ 그는 착한가 보다.

㉯ 그는 공부하는가 싶다.

㉰ 그는 공부하는 듯하다.

㉱ 이 떡은 먹을 법하다.

ㅁ. ㉮ 이것은 먹을 만하다.

㉯ 이것은 먹음 직하다.

(13)과 (14)에 의하여 보면, 매인움직씨와 매인그림씨에 의한 수행 행위는 아주 많다. 종래에 없었던, 힘줌도 그 표현법이 많아졌으며, 그 외에도 '존재, 낭비, 되풀이, 미룸, 바람 …' 등 훨씬 많아졌다. 이와 같이 매인풀이말은 시대에 따라 더 생겨나기 때문에, 앞으로는 그 나타내는 뜻이 훨씬 많아질 것이다.

1.1.2.4 시킴

서술법으로 되어 있으나, 수행행위로는 시킴의 뜻을 나타낸다.

(15) ㄱ. 얘, 넘어질라.

ㄴ. 모두들 조용히 합니다.

ㄷ. 10일 이후에는 접수치 않습니다.

ㄹ. 아침에는 일찍 일어날 것.

1.1.2.5 의문

이 경우도 서술법으로 되어 있으나, 물음의 뜻을 나타낸다.

(16) ㄱ. 그가 어디 살더라.

ㄴ. 그의 이름을 잘 모르는데.

ㄷ. 네 형제가 몇인지 잘 모르겠네.

ㄹ. 네가 누구인지 잘 모르겠군.

1.1.2.6 희망, 아쉬움

(17) ㄱ. 그를 좀 만났으면 하는데.

ㄴ. 그가 참 안 되었네.

ㄷ. 어뿔싸, 저걸 어쩌지.

1.1.2.7 약속, 감사, 환영, 축하, 선언

(18) ㄱ. 나는 내일 가마.

ㄴ. 어제는 참으로 고마웠습니다.

ㄷ. 아이, 반갑다.

ㄹ. 여러분의 졸업을 축하합니다.

ㅁ. 지금부터 체육시험을 시행한다.

ㅂ. 너는 오늘부터 그만 두는 것이 좋겠다.

앞의 1.1.2.1 ~ 1.1.2.7에서 다룬 월을 레빈슨(1983: 240)에 의하여 나누어 보면 다음과 같다.

(19) ㄱ. 설명월: 표현된 진술의 진리치를 말할이에 위임하는 월 (단언, 결론)

ㄴ. 약속월: 미래의 어떤 행동에 대하여 말할이가 약속하는 월 (약속, 의지, 협작, 제공)

ㄷ. 지시월: 말할이가 들을이에게 무엇을 요구하는 월 (요구, 물음)

ㄹ. 표현월: 심리적 상태를 표현하는 월 (협박, 제공)

ㅁ. 선언월: 제도화된 일의 상태에 즉각적인 변화를 가져 오는 것으로 언어 외적인 제도에 의존하는 월 (전쟁포고, 해고, 명명, 제명)

위와 같은 발화의 종류의 특성은 말본에 그대로 반영되지 않아서 설명, 약속, 표현, 선언 등을 서술이라는 의향법으로 나타낸다. 이러한 언어적 범주와 월의 쓰임 사이의 관계를 레빈슨(1983: 243)에서는 다음과 같이 비교하고 있다.

언어적 범주는 의향법이 되고, 월의 쓰임은 수행행위가 된다. 그러

언어적 범주(의향법)[1]	월의 쓰임(수행행위)
시 킴 법	주문, 요구
물 음 법	질 문
서 술 법	단언, 진술

므로 의향법은 수행행위의 특성에 따라 설명될 수 있을 것이라는 가설이 성립된다. 썰(1969: 66~69)에서는 수행행위를 요구/주문, 진술/단언, 물음, 감사, 충고, 경고, 인사, 축하의 여덟 가지로 나누었는데, 이 중 의향법과 직접적으로 관련이 있는 것은 요구/주문, 진술/단언, 물음의 세 가지 수행 행위이다.

1.1.2.8 의지

(20) ㄱ. 제가 가겠습니다.
ㄴ. 제가 해 내겠습니다.
ㄷ. 제가 하리이다.
ㄹ. 우리가 하겠나이다.
ㅁ. 가련다. 떠나련다. 어린 아들 손을 잡고.
ㅂ. 곧 가마.
ㅅ. 나는 가리로다. 정처 없이.
ㅇ. 갈게.

이때의 임자말은 첫째가리킴이다.

1.2 물음월

물음에 의한 월을 물음월이라 한다. 앞 1.1.1에서 다룬 풀이월의

1) 괄호 속의 의향법과 수행행위는 이해의 편의를 위하여 필자가 써 넣은 것임.

씨끝이 물음법이 되면 물음월이 된다.

1.2.1 물음씨끝의 안맺음씨끝과의 결합제약

합쇼체 및 삼가말체의 안맺음씨끝과의 결합제약

안맺은 씨끝 / 합쇼체	시	았	겠	리	더	삽	잡	사옵	자옵	옵	사오	자오	오	비고
-습니까	○	○	○	×	×	×	×	×	×	×	×	×	×	
-나이까	○	○	○	×	×	×	×	×	×	○	×	×	×	
-오리까	○	×	×	×	×	×	×	×	×	×	×	×	×	
-리이까	○	×	×	×	×	×	×	×	×	×	○	○	○	

위에서 보듯이 결합이 불가능한 것은 형태소 결합상 말본형식이 성립되지 않기 때문이다.

(21) ㄱ. ㉮ 어디 가십니까? ㉯ 어디로 가시나이까?
㉰ 가시리, 가시리이까?
ㄴ. ㉮ 그는 어제 갔습니까? ㉯ 그는 어제 갔나이까?
ㄷ. ㉮ 그는 언제 가겠습니까? ㉯ 그는 언제 갔나이까?
㉰ 아버지가 가시오리까?

하오체와 안맺음씨끝과의 결합제약

안맺은 씨끝 / 하오체	시	았	겠	리	더	삽	잡	사옵	자옵	옵	사오	자오	오	비고
-(으)오	○	○	○	×	×	×	×	×	×	×	×	×	×	
-소	×	○	○	×	×	×	×	×	×	×	×	×	×	
-오(소)이까	○	○	○	×	×	×	×	×	×	×	×	×	×	'사(자)오이까' 로 됨

(22) ㄱ. ㉮ 어디로 가시오? ㉯ 어디로 가시오이까?
ㄴ. ㉮ 어디 갔오(소)? ㉯ 어디 갔오이까(갔소이까)?

ㄷ. ㉮ 어디 가겠오(소)? ㉯ 어디가겠사오이까?

(22)에서도 결합되지 않는 것은 말본상의 이유 때문이다.

해요체와 안맺음씨끝과의 결합제약

안맺은 씨끝 / 해요체	시	았	겠	리	더	삽	잡	사옵	자옵	옵	사오	자오	오	비고
−아요/−어요	○	○	○	×	×	×	×	×	×	×	×	×	×	성근 사이는 삽/잡계는 잘 안씀
−지요	○	○	○	×	×	×	×	×	×	×	×	×	×	

(23) ㄱ. ㉮ 어디 가시요? ㉯ 집에 가시지요?
ㄴ. ㉮ 여기 있겠어요? ㉯ 여기 살겠어요(살겠소)?
ㄷ. ㉮ 어디 갔어요? ㉯ 어디 있었지요?

해요체는 성근 사람 사이에만 사용되는 말씨체이다.

하게체와 안맺음씨끝과의 결합제약

안맺은 씨끝 / 하게체	시	았	겠	리	더	삽	잡	사옵	자옵	옵	사오	자오	오	비고
−(는)가	○	○	○	×	○	×	×	×	×	×	×	×	×	
−는고	○	○	○	×	○	×	×	×	×	×	×	×	×	
−을까	○	○	×	×	×	×	×	×	×	×	×	×	×	
−을손가	×	○	×	×	×	×	×	×	×	×	×	×	×	

(24) ㄱ. ㉮ 무엇 하시는가(고)? ㉯ 그이가 가실까?
ㄴ. ㉮ 그이가 갔는가? ㉯ 그이가 갔을까?
ㄷ. 그가 가겠는가?
ㄹ. 그가 가던가?

하게체와 안맺음씨끝과의 결합도 상당히 제약된다.

해라체와 안맺음씨끝과의 결합 제약

해라체 \ 안맺은 씨끝	시	았	겠	리	더	삽	잡	사옵	자옵	옵	사오	자오	오	비고
-나	○	○	○	×	○	×	×	×	×	×	×	×	×	
-느냐	○	○	○	×	○	×	×	×	×	×	×	×	×	
-느뇨	○	○	○	×	○	×	×	×	×	×	×	×	×	
-니	○	○	○	×	○	×	×	×	×	×	×	×	×	
-(으)랴	○	○	×	×	×	×	×	×	×	×	×	×	×	
-을소냐	○	○	×	×	×	×	×	×	×	×	×	×	×	
-는고	○	○	○	×	○	×	×	×	×	×	×	×	×	

해라체에는 말할이 낮춤의 안맺음씨끝이 쓰이지 아니하는데, 그것은 들을이가 말할이보다 지위가 아래이기 때문이다.

해체와 안맺음씨끝과의 결합제약

해체 \ 안맺은 씨끝	시	았	겠	리	더	삽	잡	사옵	자옵	옵	사오	자오	오	비고
-아/-어	×	○	○	×	×	×	×	×	×	×	×	×	×	
-이야	×	×	×	×	×	×	×	×	×	×	×	×	×	'이다'에 쓰임
-지	○	○	○	×	×	×	×	×	×	×	×	×	×	

(25) ㄱ. 뭐 해? ㄴ. 이게 뭐야?
ㄷ. 이게 뭐지? ㄹ. 어디 가지?

(25ㄴ)에서 보아 알듯이, '-이야'는 '이다'에 쓰이어 반말을 나타낸다.

1.2.2 토씨와의 결합제약

물음씨끝과 결합할 수 있는 토씨에는 '그려'가 있는데, 이것은 합쇼체와는 결합될 수 없으나, 하오체, 해요체, 하게체, 해라체, 해체에는 결합될 수 있다.

(26) ㄱ. ㉮ 어디 가오그려. ㉯ 어디 가오이까그려.
ㄴ. ㉮ 무엇해요그려. ㉯ 무엇하지요그려.
ㄷ. ㉮ 어디 가는가그려. ㉯ 어디 갈까그려.
㉰ 어디로 갈손가그려.
ㄹ. ㉮ 어디 가나그려. ㉯ 어디로 가느냐그려.
㉰ 어디로 가느뇨그려. ㉱ 무엇하니그려.
㉲ 어디로 가랴그려. ㉳ 무엇할소냐그려.
ㅁ. ㉮ 잘 가그려. ㉯ 일 좀 잘 하지그려.

(26ㄱ~ㅁ)에서는 물음씨끝 중 '그려'와 결합 가능한 것에 대하여만 예시하였다.

1.2.3 물음월에서의 임자말 제약

첫째, 선택물음월에서 앞뒤 물음월의 임자말은 모두 물음말로 되어서는 아니 되고 서로 달라야 한다.

(27) ㄱ. *누가 가느냐 아무가 가느냐?
ㄴ. 누가 가느냐, 네가 가느냐?
ㄷ. 네가 가느냐 누구가 가느냐?
ㄹ. 네가 가느냐, 철수가 가느냐?

(27ㄱ)은 성립되지 아니하고 앞뒤마디의 임자말이 다른 (27ㄴ~ㄷ)은 가능하다. 그런데 (27ㄹ)에서 보듯이, 앞뒤 선택월의 임자말은 반드시 물음말이 아니라도 상관없다.

둘째, 이음겹월의 물음월에서 앞뒤 마디의 임자말이 같을 때, 앞마디의 풀이말의 씨끝은 이음겹월의 씨끝이 그대로 쓰이고, 뒷마디는 임자말이 줄면서 풀이말은 물음법이 된다.

(28) ㄱ. 철수는 울며 가느냐?

ㄴ. 상수는 울고 가느냐?

ㄷ. 영미는 일을 하는데, 잘 하느냐?

ㄹ. 영희는 착할 뿐 아니라, 성실하기도 하나?

ㅁ. 철이는 열심히 일하므로, 이번에 상을 타겠지?

ㅂ. 상희는 집에 가자마자, 잤느냐?

특히 (28ㄱ~ㄴ)에서의 물음월의 짜임새는 (28ㄷ~ㅂ)과 다르다. 즉 (28ㄷ~ㅂ)은 앞마디의 임자말이 뒷마디에서 줄면서 하나의 겹월이 되니까 자연스럽다. (29ㄱ~ㄴ)을 보자.

(29) ㄱ. 철수도 가느냐? 나도 가느냐?

ㄴ. 상수도 가느냐 나도 가느냐?

(29ㄱ~ㄴ)에서 두 물음월을 잇달아 말하니까 이상하다. 따라서, (29ㄱ)은 '철수도 가고 나도 가느냐?'로 고치고, (29ㄴ)은 '상수도 가며 나도 가느냐?'와 같이 겹월로 고치니까 자연스럽다. 두 개 이상의 물음월을 벌임월로 바꿀 경우는 위와 같은 특질이 있음을 알아야 한다.

1.2.4 물음월의 분류와 특질

물음월에는 가부물음월과 선택물음월 및 물음말물음월의 셋이 있다. 가부물음월은 질문한 내용의 성립 여부, 참과 거짓 등을 물을 때 쓰이는데, 질문을 받은 자는 '예'나 '아니오' 둘 중 하나만 택하여 답하면 된다. 선택물음월은 제시되어 있는 선택지 중 어느 하나만 택하도록 상대에게 물을 때에 사용한다. 선택지는 2개 있을 수도 있고 그 이상일 경우도 있다. 그러나 국어에서는 두 개일 경우가 대부분이다. 물음말물음월은 물음말에 해당되는 답을 요구하기 위하여 사용된다. 이때, 해답자는 많은 가능한 해답 중에서 하나만 택하여 답하게 된다. 따라서 가부물음월과 선택물음월을 택일적 물음월이라 하고, 물음말물음월을 비택일적 물음월이라 한다.

가부물음월의 답은 '예' 또는 '아니오'의 두 선택지에 한정되어 있으므로 달리 대극적 물음월이라 하고, 선택물음월은 선택지가 두 가지에 한정되어 있지 아니하므로 비대극적 물음월이라 한다. 이제 위에서 설명한 것을 표로 보이면 다음과 같다.

- 물음월
  - 택 일 적
    - 대 극 적: 가부물음월
    - 비대극적: 선택물음월
  - 비택일적 .... 물음말물음월

1.2.4.1 가부물음월

1) 가부물음월의 구조적 특징

가부 물음월은 알고 싶어 하는 일에 대한 물음을 나타내는 월이다.

(30) ㄱ. 아버지 어디 가십니까?
ㄴ. 너는 공부를 다 마쳤느냐?
ㄷ. 자네는 무슨 일로 서울 가는가?
ㄹ. 너는 서울 가?

(30ㄱ,ㄷ)은 물음말물음월이므로 물음말에 대한 답만 하면 되나, (30ㄴ,ㄹ)은 물음에 대한 가부를 답하여야 한다. 가부의 답은 다음의 표와 같이 높임의 등분에 따라 다르다.

아주높임의 '가'에서 '예'와 '네'는 같이 쓰이나, 오늘날은 '예'가 대중말로 많이 쓰인다. 예사높임의 '야'는 사투리에서 쓰이며, '네'는 '네'나 '예'보다는 조금 낮은 답이므로 예사높임에다 넣었다. 예사낮춤에서

가부 / 높임의 등분2)	가	부
아주높임	예(녜)	아니오, 아니예요
예사높임	야, 네	아니오
예사낮춤	그러네, 그러세	아니, 아니네
아주낮춤	응, 그래, 오냐, 그럼	아니, 아니야
반 말	그러지	아니

는 '그러네'와 '그러세'의 둘이 쓰이는데, '그러네'는 아랫사람이 어른께 '서울 가십니까?' 하고 물을 때, 서울을 간다면, '그러네' 하고 대답할 때 쓰이고, '그러세'는 묻는이의 뜻대로 해도 좋다는 뜻으로 답할 때 쓰인다. 즉 '어르신, 이것을 제가 가져도 좋습니까?' 하고 물었을 때, 가져도 좋다면 '그러세' 하고 답할 때 쓰인다. '응', '그래', '그럼'은 같은 나이 또래나 친구 사이에 두루 쓰이나, '오냐'는 어른이 손아래 사람에 대하여 아주 낮추어도 괜찮을 때 쓰는 대답이다. 따라서 같은 나이 또래나 친구 사이에 쓰면 실례가 된다. 반말의 경우는 보통 '그러지'라고 막연하게 대답하는 것이 일반적이다.

다음과 같이 부정적으로 물었을 때의 답은 위의 표에서 나타내는 경우와 다르다.

(31) ㄱ. 너는 학교에 가지 않느냐?
ㄴ. 선생님은 학교에 가시지 않습니까?

(31ㄱ)에 대하여, 학교에 가지 않을 때는 등분에 따라 '예' 또는 '그럼'이라고 답하고, 학교에 갈 때는 '아니오' 또는 '아니'라고 답한다. (31ㄴ)의 경우도 학교에 가지 않을 때는, '그래' 또는 '그럼' 등으로 답하고, 학교에 갈 때는 '아니'라고 답한다. 이와 같은 물음월에서의 월가락은 오름조가 된다.

가부물음월이 보통 세기형stress contours으로써 발음할 때는, 거기에서

2) 여기서의 높임의 등분에 따른 답말은 필자가 현재 일반적으로 쓰고 있는 우리 일상 생활어에서 찾아 이렇게 그 체계를 만들어 보았다.

서술되는 내용이 참인가 거짓인가 중 어느 하나가 전제로 되어 있다. 예를 들어 말하면, '그는 살았니?'라는 물음월에서는 '그는 살았다'라는 명제가 참인가 거짓인가가 전제로 되어 있다. 즉 '그가 살았는지 죽었는지'가 전제로 되어 있다. 물음월은 이들 어느 것이 올바른가를 묻고 있는 것이다. 따라서, (32ㄱ)과 같은 물음월 대신에 (32ㄴ)과 같은 선택물음월로 물어도 그 전제에는 큰 차이가 없다.

(32) ㄱ. 그는 살았니?
ㄴ. 그는 살았니 죽었니?

같은 가부물음월이라도 특정한 구에 대조강조가 있을 때는 전체의 내용이 달라진다. 강세가 주어져 있는 데에 물음의 초점이 맞추어져 있고, 그 이외의 부분은 전제가 되어 있다.

(33) ㄱ. 그는 <u>어젯밤에</u> 도착했니?
ㄴ. 그는 <u>언제</u> 도착했니?

(34) ㄱ. 너는 애인에게 <u>보석을</u> 주었니?
ㄴ. 너는 애인에게 <u>무엇을</u> 주었니?

(33ㄱ)과 (34ㄱ)에서 밑줄친 부분에 대조강조가 주어져 있다. 그래서 (33ㄱ)과 (34ㄱ)을 말했을 때는, (33ㄴ), (34ㄴ)이 전제가 되어있고, 때대이름씨 '언제'와 몬대이름씨 '무엇'을 질문의 초점으로서 묻고 있다.

일반적으로 물음월을 말할 때, 말할이는 물음에 대한 답을 모른다. 그러면서 말할이는 상대방이 자기보다 물음의 답을 잘 알고 있을 것이라고 생각하는데, 이와 같은 전제사항을 물음월에 부과된 적격조건이라고 한다. 우리가 상대에게 물을 때는 그 답을 기대하고 하는 것이 보통인데 '예'를 기대하면서 하는 물음월을 긍정적 경향의 물음월이라 하고, '아니오'를 기대하면서 하는 물음월을 부정적 경향의 물음월이라 한다.

(35) ㄱ. 어젯밤에 어떤 사람이 전화하였더냐?
ㄴ. 그는 벌써 자니?

(35)과 같은 긍정형의 가부물음월은 '예'나 '아니오'의 어떤 답의 경향성도 가지지 않으나, '어떤(사람)'이란 말이 쓰이거나 긍정대극표현이 나타날 때는 긍정적인 답이 나오기를 바라는 경향을 가진다. 따라서, (35ㄱ~ㄴ)과 같은 물음월에서는 '예'라는 답이 나오기를 기대하는 것이 일반적이다.

(36) ㄱ. 어떤 사람이 어제 전화하지 않았더냐?
ㄴ. 차가 아직 떠나지 않았나?

(36ㄱ~ㄴ)과 같은 부정물음월에서는 (35ㄱ~ㄴ)과 같은 물음월보다도 오히려 긍정적인 경향을 가지는 성향이 더 많다. 이런 물음월에서는 '어떤(사람)'이란 말이 쓰이거나 아니면 그에 상응하는 어찌씨가 쓰인다. 즉 (36ㄴ)에서의 '아직'과 같은 어찌씨가 쓰인다. 그런, 부정물음월에만 나타나는 말, 즉 '절대로, 전혀, 도무지, 아예, 아주 …' 등이 나타날 때는 부정물음월이라도 부정적인 경향을 가지게 된다.

(37) ㄱ. 너는 절대로 서울에 가지 않느냐?
ㄴ. 그는 전혀 일을 하지 않느냐?
ㄷ. 그가 도무지 승낙을 하지 않느냐?

(37ㄱ~ㄷ)의 답은 모두 부정적으로 나타난다. 이런 경우는, 월의 종류에 의하는 것보다도 특정한 낱말에 의하여 전체의 경향을 결정하게 된다.

(38) ㄱ. 그는 학교에 가지 않아도 괜찮지요?
ㄴ. 그는 학교에 가야 하지요?

(38ㄱ)은 '괜찮지요?'가 왔기 때문에 긍정적인 답을 기대하면서 물을 때 쓰이는데, 그 답은 '가지 않아도 괜찮다' 또는 '그래' 등으로 되고, (38ㄴ)은 통어적인 조건, 즉 '-야 하지요?' 때문에 긍정적인 답을 기대하면서 묻는 물음월이다. 따라서 답은 '가야 한다'든지 아니면 '그래' 등이 쓰인다. (38ㄱ)은 무엇을 하기 싫을 때, 하지 않아도 된다는 답을 구하기 위하여, 묻는 물음월 형식이요, (38ㄴ)은 해야 할 것을 바라면서 물을 때의 물음월 형식이다. (38ㄴ)에서 '무엇을 하지 않아야 함'을 기대하면서 물을 때는 '그는 학교에 가지 않아야 하지요?' 식으로 되어야 한다. 그래서, 그 답이 '그래' 또는 '오냐'로 되면 그는 학교에 가서는 안 된다. (39)와 같은 물음월은 묻는이의 뜻대로 답이 나오기를 기대하면서 물을 때의 물음월이다.

(39) ㄱ. 그가 너무 많이 말하지 않았니?
ㄴ. 그는 공연히 나를 만나지 않는게지?
ㄷ. 지금 외출하고 싶지 않니?

(39ㄱ)은 '너무 많이 말했다', (39ㄴ)은 '공연히 만나지 않는다', (39ㄷ)은 '외출하고 싶다'는 답을 기대하면서, 부정물음으로 말하므로 만일 현실의 모습이 그 기대에 어긋나면 실망하든지 놀라게 된다. 그러므로, 부정물음월은 놀람, 실망 등을 나타내는데 쓰인다. (40)은 괄호 안의 뜻으로 쓰인다.

(40) ㄱ. 아무도 나를 믿어 주지 않니? (누군가가 나를 믿어 주기를 바랐으나 아무도 나를 믿어 주지 않구나.)
ㄴ. 너는 창피하지도 않니? (너는 창피하게 여겨야 하는데도 창피하게 생각하지 않는다.)

(41)과 같은 긍정물음월은 괄호 안과 같은 불가능함을 나타내는 뜻으로 쓰인다.

(41) ㄱ. 네가 그를 안다고?(↗) (너는 그를 모른다.)
ㄴ. 네가 거기를 간다고?(↘) (너는 절대로 거기에 갈 수 없다.)

(41)과 같은 물음월에 있어서는 경우에 따라서 다르기는 하나, 일반적으로 물음월의 끝이 올라가거나 내려가거나 간에 불가능함을 나타내기도 하고, 또 경우에 따라서는 멸시도 함께 나타낸다.

물음월에 대하여 답하는 방법에 관해서는 60쪽의 표에서 설명한 바 있으나, 여기서 잠깐 덧붙여 설명하면 다음과 같다.3)

긍정물음에 대하여 '예'라고 답하면, 긍정물음의 내용을 그대로 인정하는 것이 되고, 부정물음월을 '예' 하고 답하면, 부정물음의 내용을 부정 그대로 인정하는 셈이 된다.4)

(42) ㄱ. 너는 공부하니?
㉮ 예. (공부합니다.) ㉯ 아니오. (하지 않습니다.)
ㄴ. 너는 공부하지 않니?
㉮ 예. (하지 않습니다.) ㉯ 아니오. (합니다.)

국어의 물음월에 대한 답으로서는 경우에 따라서 물음월의 일부나 혹은 다른 말로써 하는 일이 있다.

(43) ㄱ. 그는 오늘 돌아오니?
ㄴ. 저녁 늦게 (돌아 온단다).

---

3) 장석진(1985), 『화용론 연구』, 탑출판사, 127쪽 이하에서는 화용론적으로 설명하고 있다.
4) 영어의 부정물음월에 있어서는 우리말과 그 답하는 방법이 반대가 되니 조심하기 바란다.
(예) Don't you go home?
No. (I go home.)
Yes. (I don't go home.)

(44) ㄱ. 너는 철수한테서 돈을 받았니?
ㄴ. 어제.

(45) ㄱ. 내가 오늘 저녁에 만날 수 있니?
ㄴ. 일찍 온다면.

(43) ~ (45)까지의 답에는 '그래'가 내포되어 있으나 (46) ~ (47)에서는 '아니'가 내포되어 있다.

(46) ㄱ. 너는 학교 갔었니?
ㄴ. 왜?

(47) ㄱ. 그에게 편지 했니?
ㄴ. 바빠서.

(46ㄱ)에 대하여 (46ㄴ)은 '가지 않았다, 왜?'의 뜻이요, (47ㄱ)에 대하여 (47ㄴ)은 '바빠서 편지하지 않았다'는 뜻이다.

가부물음월에서 특별한 요소에 대조강소가 놓여, 그 부분이 물음의 초점이 되어 있을 때는, '예'나 '아니오'의 답 뒤에 그 물음월 속에 있는 말이나 그에 상응하는 말이 쓰이기도 한다.

(48) ㄱ. 너는 애인에게 <u>보석을</u> 사 주었니?
ㄴ. 그래, <u>금반지를</u> 사 주었다.

(49) ㄱ. 너는 <u>땅을</u> 파고 있었니?
ㄴ. ㉮ 그래, 파고 있었다.
㉯ 아니, <u>잡초를 뽑고</u> 있었다.

2) 가부물음월의 뜻

물음월이란 말할이가 상대방에 대하여 알고자 하는 내용을 묻기 위하여 이루어지는 월이지마는, 경우에 따라서는 다음과 같은 뜻으로 이루어지기도 한다.

첫째, 불가능이나 얕잡음을 나타내기 위하여 쓰인다.

(50) ㄱ. 네가 그것을 할 수 있다고?
ㄴ. 네가 거기를 간다고?

둘째, (51)과 같은 형식의 물음월은 어떤 행위의 수행, 즉 의무나 책임을 물을 때 쓰인다.

(51) ㄱ. 그는 학교에 가야 하지요?
ㄴ. 그는 학교에 가야 합니까?

셋째, 어떤 의도를 나타내기도 한다.

(52) ㄱ. 공부를 해 볼까? ㄴ. 한 잔 할까?

넷째, 금지나 시킴 및 권유의 뜻을 나타낸다.

(53) ㄱ. 자꾸 떠들래? ㄴ. 조용히 할래?
ㄷ. 나하고 같이 갈래?

다섯째, 의아심을 나타낸다. 즉 과연 그렇게 될 것인가 아닌가에 대하여 의심을 품을 때 물음월을 쓴다.

(54) ㄱ. 과연 그가 올까? ㄴ. 15일에 비가 올까?

1.2.4.2 선택물음월

선택물음월은 두 개의 물음월이 서로 이어져서 이루어지는 것이 특징인데, 그 구조적 특징을 살펴보면 다음과 같다.

첫째, 앞마디는 긍정물음월로 되고, 뒷마디는 부정물음월로 이루어지는 경우가 있는데, 이때는 임자말이 동일하다.

(55) ㄱ. 너는 학교에 가겠니 가지 않겠니?
ㄴ. 비가 오겠니 오지 않겠니?

둘째, 앞뒤 두 마디의 임자말이 다른 선택지로 이루어지는 경우로 다음과 같다.

(56) ㄱ. 비가 오니 눈이 오니?
ㄴ. 철수가 갔니 영희가 갔니?
ㄷ. 영수가 말을 듣지 않느냐, 철수가 말을 듣지 않느냐?

셋째, 선택물음월의 월기락은 앞마디의 끝이 올라가고 뒷마디의 끝은 내려간다.

(57) ㄱ. 너는 일을 했니, 공부를 했니?
ㄴ. 비가 오느냐 오지 않느냐?

넷째, 선택물음월의 선택지는 이름씨구, 움직씨구, 그림씨구, 마디 등이 올 수 있다.

(58) ㄱ. 너는 인삼차, 커피 중 어느 것을 좋아하니?
ㄴ. 그는 공부하니, 일하니?
ㄷ. 오늘은 맑으냐, 흐리냐?
ㄹ. 철수가 갔느냐, 영희가 갔느냐?

ㅁ. 너는 중학생이냐, 고등학생이냐?

다섯째, 선택물음에 대한 답은 '예'나 '아니오'가 아니라, 선택물음의 선택지로써 하여야 한다.

(59) ㄱ. 너는 영어, 독어 중 어느 것을 더 좋아하나?
ㄴ. 영어

(60) ㄱ. 숙이가 욕을 했나 영희가 욕을 했나?
ㄴ. 숙이가.

(61) ㄱ. 비가 오느냐 오지 않느냐?
ㄴ. 온다.

여섯째, 선택물음월은 가부물음월과 유사한 일면 물음말물음월과도 유사하다.

(62) ㄱ. 그는 집, 학교 중 어디에 있으려 하더냐?
ㄴ. 영이와 숙이는 다 왔니?

(62ㄱ)은 '그는 집에 있으려 하더냐 학교에 있으려 하더냐 어디에 있으려 하더냐'가 합하여 된즉 선택물음월에 물음말물음월이 합하여 된 겹월에서 중출부가 줄어서 이루어진 선택물음월인데, 그 답은 '어디'에 대하여서만 하면 되므로 물음말물음월의 경우와 비슷하고, (62ㄴ)은 '영이가 왔니 숙이가 왔니 다 왔니'를 줄여서 (62ㄴ)으로 물었는데, 이것은 선택물음월에 가부물음월이 합하여 된 겹월에서 중출부가 줄어서 된 물음월이다. 그 답은 '둘 다'에 대해서 말하면 되므로 가부물음월과 비슷한 일면이 있다. 그런데, 선택물음월의 월가락도 가부물음월과 물음말물음월로 이루어지는 겹월의 월가락과 일치한다.

(63) 그는 집에 있으려 하더냐(↗) 학교에 있으려 하더냐(↘) 어디 있으려 하더냐(↘)?

이상과 같은 사실로써 선택물음월의 심층구조는 선택물음월과 물음말물음월로 이루어지는 겹월이라고 보고자 하는 것이다.[5)]

1.2.4.3 물음말물음월

첫째, 물음말이 임자말이나 부림말이 되고 물음어찌씨가 어찌말이 되는 물음말물음월은 가부물음월과 그 구조가 같다.

(64) ㄱ. 누가 너를 찾아 왔느냐?
ㄴ. 무엇이 그를 괴롭히느냐?
ㄷ. 어디가 그의 고향이냐?

(65) ㄱ. 너는 누구를 찾아 왔느냐?
ㄴ. 너는 무엇을 좋아하느냐?
ㄷ. 너는 무엇을 찾고 있느냐?

국어에서는 다음과 같이 물음말에 해당하는 부분에 대하여 굳이 밝히고 싶지 않을 때는 물음말물음월을 베풂월로 나타내는 일이 있다.

(66) ㄱ. 나는 무엇을 찾고 있다.
ㄴ. 그는 누구이다.
ㄷ. 철수는 누구에게 무엇을 주었다.
ㄹ. 이 여러 개 중 어느 것이 내 것이다.

둘째, 물음말물음월의 월가락은 일반적으로 내림조이다. 물음말물음월에서는 물음말을 제외한 부분이 전제가 된다. 예를 들면, '그는

5) 今井邦彦·中島平三(1978), 『文』 II, 연구사, p.113 이하 참조.

무엇을 샀니?'에서 '그는 어떤 것을 샀다'는 말이 전제가 된다. 그가 뭔가를 산 것을 알고 있는데, 그 산 물건이 무엇인지 알고 싶어서 상대에게 물은 것이다. 답 범위는 이미 전제로서 결정되어 있는데, 그 중에서 선택하도록 상대자에게 의뢰하고 있지 않는 점이 가부물음월이나 선택물음월과 크게 다르다.

셋째, 물음말물음월의 대답은 물음말에 정보가 보급된 형식으로 이루어진다. 전제가 되는 부분 즉 물음말 이외의 부분은 수의적으로 생략된다.

(67) ㄱ. 누가 그를 때렸니?
ㄴ. 철수가 (때렸다).

(67ㄱ)에 대한 답은 '철수가 때렸다'로 하는 것이 일반적이나, 물음말물음월에서는 물음말에 대한 답만 하면 되므로, (67ㄴ)과 같이 임자말만으로 답하면 된다. 그러나, 어른께 답할 때는 '철수가 때렸습니다'와 같이 월 전체로써 답하여야 한다. 그런데 물음말물음월 이외의 물음월에서는 풀이말로 하는 것이 일반적이다.

(68) ㄱ. 철수가 갔느냐?
ㄴ. 철수가 갔느냐 영희가 갔느냐?
ㄷ. 철수가 갔느냐 안 갔느냐?

(68ㄱ)의 답은 '갔습니다' 또는 '안 갔습니다'로 하면 되고, (68ㄴ)은 '철수가 갔습니다' 또는 '영희가 갔습니다'와 같이 답을 하는데, 이와 같은 선택물음에서는 두 선택지 중의 하나로써 답하면 된다. (68ㄷ)의 경우는 가고 안 간 여부에 따라, '갔습니다' 또는 '안 갔습니다'로 답하여야만 한다.

넷째, 안긴월이 물음월일 때는 안은월은 물음월이 되기도 하고 베풂월이 되기도 한다.

(69) ㄱ. ㉮ 영희는 철수가 책을 어디에 두었다고 생각하느냐?

㉯ 영희는 철수가 책을 어디에 두었다고 생각한다.

ㄴ. ㉮ 철수는 영희가 어느것을 좋아한다고 믿느냐?

㉯ 철수는 영희가 어느것을 좋아한다고 믿는다.

(69ㄱ~ㄴ)의 경우도 '첫째'에서 설명한 경우와 같은데, 다만 (69ㄱ~ㄴ)의 ㉯의 물음말에 (69ㄱ~ㄴ)의 ㉮의 물음에서보다 더 센 강세가 주어지며, 안은월의 임자말과 안긴월의 임자말은 서로 달라야 한다.

그리고 (69ㄱ~ㄴ)의 ㉮의 물음말물음월은 그 물음말에 대한 답을 듣고 싶어서 말한 월이요, (69ㄱ~ㄴ)의 ㉯의 물음말은 그 내용을 밝히고 싶지 않거나 잘 몰라서 밝힐 수 없어 물음에 대한 답으로 한 월임에 차이가 있다.

다섯째, 안긴마디가 물음말, 물음마디로 되더라도 안은월이 물음월이 되고 안 되는 것은 수의적이다.

(70) ㄱ. ㉮ 너는 그가 무엇을 하는지 모른다.

㉯ 너는 그가 무엇을 하는지 모르느냐?

ㄴ. ㉮ 너는 그가 어디를 가는지 알고 있다.

㉯ 너는 그가 어디를 가는지 알고 있느냐?

(70ㄱ)의 ㉮는 말할이는 알고 있으나 '너'는 모르고 있기 때문에, '그가 무엇을 하는지 모르는 것'을 상대자인 '너'에게 모르고 있다는 사실을 일깨워 주고 있고, (70ㄴ)의 ㉮는 말할이가 '너'에 대하여 '그가 어디를 가는지 알고 있다'는 사실을 확인시키는 방법으로 말하고 있다.

여섯째, 다음과 같이 임자말인 '누구'가 거듭되는 물음월에서 '누구'를 임자말로 가지는 내김마디를 안은월의 임자말인 '누구'의 앞으로 이동시켜야 한다.

(71) ㄱ. 누가 누가 할 말을 해?
①　②　③
ㄴ. 누가 할 말을 누가 해?
①　③　②

(71ㄱ)을 (71ㄴ)과 같이 자리를 옮겨야 한다.

일곱째, 물음말이 '이다'와 합하여 풀이말이 될 때, 이 물음말이 월 앞으로 와서 그 월의 임자말이 될 수 있는데, 이와 같은 일을 물음말의 이동이라 한다.

(72) ㄱ. ㉮ 네가 가는 곳이 어디이냐?
㉯ 어디가 네가 가는 곳이냐?
ㄴ. ㉮ 네가 가는 날이 언제냐?
㉯ 언제가 네가 가는 날이냐?

1.2.5 물음월의 공통특징

물음월은 그 종류의 여하를 막론하고 공통된 특징이 있다. 그들 중 주된 특징을 들어보면 다음과 같다.

첫째, 어찌씨 중 '불행히, 이상히, 다행히, …' 등과 같이 말할이의 태도를 나타내거나 '분명, 확실히, 정확히, 뚜렷이, 명백히, …' 등과 같은 어찌씨는 풀이말과의 관계로 하여 물음월에 쓰임이 자유롭지 못하다.

(73) ㄱ. ?그들은 다행히 잘 사니?
ㄴ. *이상히 그들은 잘 지내니?
ㄷ. *언제 그들은 명백히 떠나나?
ㄹ. *너는 뚜렷이 언제 가니?

둘째, 개연성을 나타내는 '아마, 혹시, 아무래도, …' 등은 물음말이 없는 물음월에서는 쓰일 수 있다.

(74) ㄱ. *아마 이게 뭐지?
ㄴ. 아마 이게 떡이겠지?
ㄷ. *혹시 그는 언제 가겠니?
ㄹ. 혹시 그는 가겠지?

셋째, '거의'는 물음월에 쓰이지 않는다. 다만, (75ㄷ~ㄹ)과 같이 조건이 따를 때, 또는 사물의 완성을 물을 때 쓰일 수도 있다. (75ㅁ)과 같은 경우는 가능하다. 이로 볼 때, 풀이씨에 따라 그 가능 여부가 결정된다.

(75) ㄱ. *그는 거의 공부하느냐?
ㄴ. *거의 그는 가느냐?
ㄷ. 오늘 저녁이면 거의 해 치우겠니?
ㄹ. 내가 가면 거의 다 모인 셈이 되느냐?
ㅁ. 거의 다 되어 가니?

넷째, '무슨, 어떤' 등의 물음매김씨는 물음월에 쓰일 수 있다.

(76) ㄱ. 무슨 책을 읽느냐?
ㄴ. 어떤 책을 읽느냐?

1.2.6 특수물음월

지금까지 다루어 온 물음월은 형식면에서 물음월의 그것을 갖춘 것이었으나, 여기에서 다루고자 하는 물음월은 발화의 면에서는 핵심적인 물음월의 어느 것과도 같은 힘을 가지고 있으나, 형식면에서는 다소 다른 물음월이다.

또 이에 반하여 형식면에서는 물음월과 같은 형식을 하고 있으나,

발화의 힘의 면에서는 물음월 고유의 힘을 결여하고 있는 월이 있다. 이와 같은 물음월을 특수물음월이라 부르기로 한다.

1.2.6.1 베풂물음월

어떤 명제에 대하여 의아심을 나타내거나 아니면 명제의 성부, 진위 등을 베풂월과 같은 형식으로 나타내는 의문을 나타내는 월을 베풂물음월이라 한다. 이때의 월가락은 통상 오름조가 된다.

(77) ㄱ. 내가 간다.(↗)
ㄴ. 네가 간다.(↗)
ㄷ. 그가 간다.(↗)

(77ㄱ)과 같이 임자말이 첫째가리킴으로 된 경우의 베풂물으월은 대개 의문이나 불가능 또는 하기 싫은 것을 억지로 하여야 할 경우 등에 쓰인다. 그리고, (77ㄴ)과 같이 임자말이 둘째가리킴일 경우에는, 주로 불가능 또는 불가능하다고 판단되는 일에서 파생하는 의아심을 나타낼 때 쓰인다. 또 (77ㄷ)과 같이 임자말이 셋째가리킴일 때도 (77ㄴ)의 경우와 같은 때에 쓰인다.

1.2.6.2 덧물음월

앞마디 뒤에 '그러시요?', '그렇지요?', '그렇지?', '그렇지 그지?', '안 그렇지?', '안 그래?' 등의 말을 더함으로써 앞마디를 다지는 물음월을 덧물음월이라고 한다.

(78) ㄱ. 그가 거짓말을 잘 한다지, 그렇지?
ㄴ. 그는 거짓말을 잘하지, 안 그래?

(78ㄱ)의 '그렇지?'는 예사로 다져서 들을이의 동의를 얻으려고 할

때의 형식이요, (78ㄴ)의 '안 그래?'는 '그렇지?' 보다는 다소 강조하여 상대방의 동의를 다질 때 쓰는 형식이다.

국어에서 베풂마디가 진실이면, 덧마디는 '그렇지?'식으로 되고, 또 (78ㄴ)에서와 같이 강조하여 동의를 구하고자 할 때는, '안 그래?'식으로 덧마디를 붙이나 굳이 베풂마디를 부정하고 싶을 때는 '안 그렇지 그지?'를 덧붙인다.

(79) ㄱ. 그가 착하지, 그지?
ㄴ. 그가 이것을 훔쳤다고, 안그렇지 그지?

(79ㄱ)의 '그지?'는 앞마디의 내용을 인정하는 것이고, (79ㄴ)의 덧마디는 앞마디의 내용을 부정하여 동의를 구하는 물음마디이다.

그런데, 국어에 있어서는 덧물음월은 앞마디와 뒷마디의 두 개의 월로 이루어지는 것이 특이하다. (78), (79)가 다 그러하다.

(80) ㄱ. 비가 온다.(↘) 그지.(↗)
ㄴ. 그가 나쁜 일을 잘하지,(↗) 그지.(↗)
ㄷ. 그가 나쁘다고,(↗) 안 그렇지 그지.(↗)

(80ㄱ)의 앞마디는 베풂월로 되어 있는데, 이때의 월가락은 내림조이고 덧마디 '그지?'는 올라간다. 이에 대하여, (80ㄴ~ㄷ)의 경우는 앞마디의 월가락도 약간 올라가고 뒷마디 '그지?', '안 그렇지 그지?'도 올라간다. 그리고 어느 경우나, 덧물음월에 있어서는 임자말은 앞·뒷마디가 동일하다.

그런데 국어에서 덧물음월이 성립될 수 없는 경우가 있다. 물음월 뒤에는 덧마디가 와서 덧물음월을 만들 수 없다.

(81) ㄱ. *너는 어디 가느냐 그렇지?
ㄴ. *너는 공부하느냐 그렇지?

(78) ~ (80)에서 설명한 경우에 있어서 앞마디가 물음월일 때의 씨끝은 '-지?', '-다고?' 등과 같아야 되고, 물음이 뚜렷한 씨끝 '-느냐?, -소?, -습니까? …' 등과 같은 것이 오면 덧물음월은 성립되지 않는다.

월가락에 대하여 하나 덧붙인다면 베풂마디에서는 내림조가 되고 덧마디에서는 오름조가 되는 경우와 내림조가 되는 경우가 있다.

(82) ㄱ. 그는 그의 직업에 만족한다(↘), 그렇지(↗).
ㄴ. 그는 그의 직업에 만족한다(↘), 그렇지(↘).

(82ㄱ)의 경우와 같이 덧마디가 오름조가 되는 경우는 말할이가 몰라서 상대방에게 '사실 그러냐'고 물을 경우이요, (82ㄴ)의 경우는 말할이가 베풂마디의 사실을 알고 있으면서, 그것을 다져서 물을 때의 덧물음월이다. 따라서 앞것은 물음월에 가깝고 뒷것은 동의나 수긍을 요구하는 데 불과하다. 그러므로 긍정형의 덧물음월에 대하여는 긍정을 기대하고, 부정형의 덧물음월에 대하여는 부정의 답이 나오기를 기대한다. 그런데 이 기대에 반대되는 대답이 나올 때는 뜻밖의 느낌을 받게 된다. 정보의 제공을 요구하지 않은 점에서 물음월보다는 베풂월에 가깝다.

그런데 긍정-부정의 대극이 베풂마디와 덧마디가 서로 일치하는 유형이 있다. 앞마디가 긍정월인 덧물음월은 주위의 상황이나 추측으로부터 결론이 얻어지든지 합의점이 이룩된 경우에 쓰인다. 또 비꼬거나 불신 등을 나타내는 데 쓰이는 수도 있다. '그러니까, 그래서 …' 등이 월 앞에 오는 수가 있다. 이때의 월가락은 모두 오름조가 된다.

(83) ㄱ. 그가 밖에 있다, 그렇지?
ㄴ. 그러니까 그 일이 힘들다는 게지, 그렇지?

1.2.6.3 여러물음말물음월

물음말물음월에서 물음말이 두 개 이상 나타나는 물음월을 여러물음말물음월이라 한다. 여러물음말물음월에 있어서의 임자말은 물음말이 된다. (여기서는 이런 경우만 다룬다.)

(84) ㄱ. 누가 무엇을 하니?
ㄴ. 누가 누구에게 그것을 주었니?
ㄷ. 누가 어디에 갔느냐?

국어에 있어서는 물음말 부분을 굳이 밝히고 싶지 않을 때는, 여러물음말물음월이라도 베풂월로 나타낼 수 있다.

(85) ㄱ. 누가 무엇을 한다.
ㄴ. 누가 어디서 무엇을 한다.
ㄷ. 누가 어디서 밥을 먹는다.

(85ㄱ~ㄷ)에서는 '누구, 무엇, 어디' 등을 밝히고 싶지 않아서, 물음말로 나타내어 말을 하고 있다. 그런데, 안긴월이 여러물음말물음월일 때도 있는데, 그때는 그 자체가 물음월이 되는 일도 있고 안 되는 일도 있다.

(86) ㄱ. 그는 그가 어디서 무엇을 한다고 { ㉮ 물었느냐? / ㉯ 소식을 들었다. }
ㄴ. 그는 누가 어디서 무엇을 하느냐고 { ㉮ 물었다. / ㉯ 물었느냐? }

(87) ㄱ. 누구가 어디서 무엇을 하느냐?
ㄴ. 무엇이 어디가 좋으냐(잘 났느냐)?
ㄷ. 어디가 무엇이 나쁘냐(못 났느냐)?

ㄹ. 언제가 언제이냐?

(87ㄱ~ㄹ)과 같이 풀이말이 움직씨, 그림씨, 잡음씨가 다 될 수 있다.

1.2.6.4 되묻는물음월

상대가 말한 월을 잘 알아들을 수 없다든가 너무 뜻밖이어서 믿을 수 없을 때는, 상대가 말한 월을 다시 되물어서 그 내용을 확인하는 일이 있다.

이와 같이 되묻는 월을 되묻는물음월이라 한다. 되묻는물음월에는 자기가 받아들인 내용이 바른가 어떤가 확인을 구하는 가부형과 불명, 불신적인 부분에 정보의 보급을 의뢰하는 물음형이 있다.

가부형에서는 앞월의 일부 또는 전체가 가부물음월과 같은 월가락(즉 월끝 오름조)으로 거의 그대로의 모습으로 반복된다. 응답은 '예(그래)/아니오'에 의하여 이루어지며, 그 뒤에 되물어서 확인하는 월이 계속되는 수가 많다.

(88) 갑: 그는 차표를 샀다.
을: 그는 차표를 샀어?
갑: 그래, 그는 차표를 샀다.

(89) 갑: 너는 하와이에 가 본 적이 있나?
을: 내가 하와이에 간 적이 있냐고?
갑: 그래, 나는 하와이에 간 적이 있다.

(90) 갑: 그가 누구를 보았나?
을: 그가 누구를 보았냐고?
갑: 그래, 그는 누구를 보았다.

(91) 갑: 불을 켜라.

을: 불을 켜?

갑: 그래, 불을 켜라.

(92) 갑: 그가 집으로 갔니?

을: 뭐라고?

병: 그가 집으로 갔냐고?

정: 그래 (갔다) / 아니 (안 갔다).

1.2.6.5 지시물음월

상대가 말한 월을 알아들었으나, 그 중의 어느 요소가 무엇을 가리켰는지 확실하지 않을 때는, 그것을 되물어서 그 지시를 명백하게 요구하게 되는데, 그와 같은 물음월을 지시물음월이라고 한다.

지시물음월은 앞월 중의 지시가 분명하지 않은 것에 물음말로써 묻는다. 그런데, 월가락은 내림조로 되는 것이 보통이다. 다만 응답은 앞에 말한 월이 그대로 반복되는 것이 아니고, 지시가 분명하게 되도록 환언된다.

(93) 갑: 나는 편지를 잃어 버렸다.

을: 어느 편지를 네가 잃었나? / 너는 어느 편지를 잃었나?

갑: 그로부터 온 편지를.

(94) 갑: 그는 벼락을 맞아 죽었다.

을: 누가 벼락에 죽었나?

갑: 우리가 전에 만났던 그 사람.

(95) 갑: 이것을 보아라.

을: 무엇을 보라고?

갑: 이 종이배를.

1.2.6.6 퀴즈물음월

퀴즈문제를 내는 사회자가 해답자를 보고 문제를 내거나 또는 선생이 학생을 향하여 월의 일부에 대하여, 문제를 출제할 때에는 다음과 같은 물음월이 쓰인다.

(96) 우리나라 거북선을 만든 분은 누구일까요?(↘)

(97) 누가, 순회가 누구와 결혼하기를 바랄까요?(↘)

위와 같은 물음월을 퀴즈물음월이라 부르기로 한다. 월가락은 통상 내림조가 된다.

물음월을 말할 때는 보통 말할이가 그것에 대한 답을 모른다. 그런데 퀴즈물음월을 말할 때는 말할이가 그것에 대한 답을 알고 상대에게 질문하는 것이다. 이런 점에서 퀴즈물음월은 다른 물음월과 근본적으로 다르다. 그러나 여전히 상대에 대하여 정보를 제공해 줄 것을 의뢰하는 점에서 물음월 특유의 힘을 결여하고 있는 것은 아니다.

1.2.6.7 수사물음월

우리가 보통 물음월을 말할 때는 말할이가 그것에 대한 답을 몰라서 상대로부터 어떤 정보를 얻는 것을 기대하고 있다. 그러나 질문에 대한 답을 알고 있으며 또 상대로부터 정보를 얻을 생각도 없이 가부물음월이나 물음말물음월과 같은 형식의 월을 사용하는 일이 있다. 이와 같은 월의 형식은 물음월과 같으나, 발화의 힘에 있어서는 오히려 베풂월에 가까운 물음월의 형식을 가지므로 수사물음월이라 한다.

가부물음월과 같은 형식을 한 수사물음월에서는 긍정형이면 부정베풂월과 거의 뜻이 같고, 반대로 부정형이면 긍정베풂월과 거의 뜻이 같다. 즉 표면상의 긍정-부정의 대극과는 반대의 내용이 표현되어 있다. 월가락은 보통의 가부물음월과 같이 월끝오름조이나 가부물음월에 비하여 오름조를 제시하는 곳의 소리가 특히 높든가 반대로 특히 낮아지는 경향이 있다.

(98) ㄱ. 누가 태양의 존재를 부인할 수 있나? (확실히 아무도(어떤 이도) 부인하지 못할 것이다.)

ㄴ. 그가 영리해? (확실히 그는 영리하지 않다.)

(99) ㄱ. 아무도 나를 변호하려 하지 않을까? (확실히 누군가가(어떤 이가) 나를 변호하려 할 것이다.)

ㄴ. 누구도 화를 내지 않을까? (확실히 모든 사람이 화를 낼 것이다.)

물음말물음월과 같은 형식을 한 수사물음월에서는 긍정형이면 물음말은 '아무'를 포함하는 부정대이름씨로 바꾼 베풂월로 사상할 수 있고, 부정형이면 '누구'나 '어떤 이' 또는 '모든 사람' 등의 부정대이름씨를 포함한 베풂월에 의하여 사상된다. 이 경우도 표면상의 긍정-부정의 대극과는 반대의 내용이 표현되어 있다.

월가락은 보통 물음말물음월과 같이 월끝 내림조가 되나, 오름조로 되는 수도 있다.

(100) ㄱ. 누가 사람의 장래를 알랴? (아무도 사람의 장래는 모른다.)

ㄴ. 그것은 무엇이 다르랴? (그것은 아무 차이도 없다.)

(101) ㄱ. 누가 영어를 이해하지 못할까? (모든 사람은 영어를 이해한다.)

ㄴ. 어디서 바퀴벌레가 못 살겠니? (바퀴벌레는 아무데서나 살 수 있다.)

수사물음월에서는 표면상의 긍정-부정의 대극과는 반대의 내용을 뜻하고 있다고 하였으나, 이와 같은 일이 긍정형이면 부정대극표현을 할 수가 있고 반대로 부정형이면 긍정대극표현을 할 수 있다는 사실에서도 알 수 있다.

(102) ㄱ. 그가 그렇게 추한 여자와 결혼할까? (하고 싶어하지 않을 것이다.)

ㄴ. 누가 인간의 시조에 대하여 조금이라도 알고 있을까? (아무도 조금도 모른다.)

(103) ㄱ. 순회가 벌써 출발하지 않았다고? (벌써 출발했다.)

ㄴ. 누가 그에 대하여 잘 모르겠니? (누구나(아무나) 잘 알고 있다.)

수사물음월에서는 같은 베풂월로 베풀어 말하는 것보다도 감정적 색채가 강조된다. 그러므로 비난, 불만, 경멸 등을 나타내는데 쓰이는 수가 있다.

끝으로 하나 덧붙일 것은 수사물음월에서는 (100ㄱ~ㄴ), (101ㄱ)에서 보는 바와 같이 물음씨끝은 '-랴, -ㄹ까' 등이 되는 수가 많다.

1.3 행위요구월(시킴월과 꾀임월)

국어의 의향법은 크게 두 가지로 나뉘는데, 하나는 들을이에 대해서 자기의 할 말을 해 버리거나 또는 들을이에게 약속을 하면서 월을 끝맺는 방법인데 이런 법을 베풂법이라고 한다. 다른 하나는 들을이에 대하여 뭔가를 요구하면서 월을 끝맺는 법인데, 이 법은 다시 답을 요구하느냐, 행동을 요구하느냐에 따라 두 가지로 나뉜다. 대답을 요구하는 법을 물음법이라 하고, 행동을 요구하는 법을 다시 두 가지로 나누는데, 하나는 들을이의 행동만을 요구하는 것이고, 다른 하나는 들을이에게 말할이 자신과 함께 행동하기를 요구하는 것이다. 앞것을 시킴법이라 하고, 뒷것을 꾀임법이라 한다. 이것을 도표로 나타내면 다음과 같다.

- 의향법
  - 들을이에게 요구 없음 ······ 베풂법
  - 들을이에게 요구 있음
    - 대답을 요구함 ······ 물음법
    - 행동을 요구함
      - 들을이만의 행동을 요구함 ······ 시킴법
      - 함께 행동함을 요구함 ······ 꾀임법

국어에서 행동을 요구하는 시킴법과 꾀임법을 통어론에서는 행동을 요구하는 점에서는 같기 때문에 이 법에 의하여 이루어지는 월을 행위요구월이라 부르기로 한다.

1.3.1 행위요구월의 씨끝

① 합쇼체: –소서, –시지요, –십시오, –십시다, –세요

② 하오체: –소, –으오, –구려, –읍시다.

③ 해요체: –어요/–아요, –지요

④ 하게체: –게, –세, –ㅁ세

⑤ 해라체: –으라, –어라/–아라, –려무나, –으렴, –려마

⑥ 해체: –자, –아/어, –지

1.3.2 행위요구월에 쓰이는 풀이씨의 특징

상대방의 행위를 요구하는 월이기 때문에 자제 가능한 움직씨와 그림씨에 한하나, 최근에는 '–어라', '–이어라', '–이자' 등으로 쓰이는 예가 극히 드물게 나타난다.

(104) ㄱ. 부디 부자가 되어라.

ㄴ. 좋은 꿈을 꾸어라.

ㄷ. 병이 빨리 나아라.

ㄹ. 아아! 아름다운 금수강산이어라.

ㅁ. 좀 예뻐져라.

(104ㄱ~ㅁ)은 자제 가능한 풀이씨가 아닌 것이 풀이말이 되어 있다. 이와 같은 경우는 덕담이나 상대방을 위로할 때 말하는 경우이고 실제로는 잘 쓰이지 않는다. 또 다음의 예를 보자.

(105) ㄱ. *이것을 받으시소서.
ㄴ. *어서 가시거라.
ㄷ. *어서 오시너라.

(105ㄱ~ㄷ)에서 보는 바대로 행위요구씨끝이 '－시－'와 연결될 수 없는 것에는 '－소', '－거라', '－너라'가 있고 그 이외의 경우는 '－시－'를 다 취할 수 있다. (105ㄱ~ㄷ)에 '－시－'가 쓰일 수 없음은 '－소'는 예사높임이요, '－거라', '－너라'는 그자체가 아주낮춤으로써 '－시－'를 붙일 수 없는 씨끝이기 때문이다.

1.3.3 행위요구월에서의 임자말 제약

행위요구월에서는 본래 상대에게 시킴을 요구하는 월이므로 임자말이 쓰이지 않는 것이 일반적이나 특히 강조할 때는 '너', '당신', '자네', '여러분' 등이 쓰인다.

(106) ㄱ. 너는 집으로 가거라. (강조할 때)
ㄴ. 어르신, 어서 가시지요. (권유할 때)
ㄷ. 여러분, 조국을 위하여 싸웁시다. (연설 때, 즉 격려, 독려할 때)

1.3.4 행위요구씨끝의 이음마디 씨끝과의 결합제약

행위요구월과 이음마디의 씨끝 중 행위요구씨끝과 같이 쓰일 수 없는 게 있다. '－길래/－기에, －매, －다가는, －기는, －거니와, －ㄴ들, －어야, －는대서야, －어야지, －고도, －고서도, －면서도, －아서도, －건대, －느라고, －는대서야, －대서, －는데다가, －을뿐

아니라, -ㄹ뿐더러, -는가-면, -다니, -며(나열의 씨끝일 때)' 등이 있다.

(107) ㄱ. *날씨가 따뜻하길래, 여기서 놀자.
ㄴ. *여기서 점심을 먹고도 놀아라.
ㄷ. ?너는 일하면서도 공부하여라.
ㄹ. *너는 일도 잘 할뿐더러 공부도 잘 하여라.
ㅁ. *비가 오건대 여기 있거라.

1.3.5 행위요구월의 지움법 제약

국어의 지움말에는 '아니하다, 못하다, 말다'가 있고, 지움어찌씨로는 '아니'가 있다. 이들 중 지움요구월이 될 수 있는 것에는 '말다' 하나가 있다.

(108) ㄱ. 가지 말아라(*아니하여라).
ㄴ. 가지 말자(*못하자).
ㄷ. 일을 하지 말고 그만 두어라(두자).

그림씨 중 자제 가능한 그림씨는 시킴이나 꾀임이 가능하나 이것으로 지움월을 만들 수는 없다.

(109) ㄱ. *조용하지 말아라(말자).
ㄴ. *조용하지 못하자(못하여라).
ㄷ. *조용하지 아니하여라.
ㄹ. *부지런하지 말자(말아라).

1.3.6 행위요구월의 의미

행위요구월은 말할이가 들을이에게 어떤 행위를 이행하여 줄 것을 요구하는 월이다.

그 요구는 단순한 명령에 그치는 것이 아니고, 말하는 상황에 따라서 여러 가지 요구의 뜻이 다른데, 이와 같은 상황에 따른 행위요구월의 뜻을 행위요구월의 의미라 부르기로 한다. 이와 같은 의미를 하나하나 살펴보면 다음과 같다.

1.3.6.1 명령

행위요구월은 시킴이란 힘을 가질 수 있다. 이와 같은 힘을 발휘하는 것은 말할이와 들을이의 사이에 신분상의 상하, 입장의 우열이 있고, 말할이가 들을이의 행동을 지배할 수 있는 권한을 가지고 있다고 생각될 때 쓰이는 것이다. 따라서, 말할이는 시킴의 내용이 들을이에 의하여 실행되리라고 기대하는 일이 많다. 이러한 월은 다음과 같은 특징을 나타낸다.

① 월 앞, 월 가운데, 월 끝 등에 '아무쪼록, 좀' 등의 말을 수반하지 않는다.

② 발화의 힘 중에서, 행위 요구를 하는 힘을 다소 완화하려고 할 때는 '좀 조용히 하세요' 또는 '좀 조용히 해요' 등으로 '좀'이란 표현을 덧붙이며 동시에 월 끝의 가락이 내려간다.

③ 간접화법에서는 '말하다'를 사용하여 시킴의 뜻을 전달한다. 예를 들면 '철수는 금순이에게 조용히 하라고 말했다'와 같이 표현한다.

④ 가락은 베풂월과 같이 월 끝이 내려간다. 예를 들면 '조용히 하세요(↘)'와 같다.

(110) ㄱ. 이것을 가져 가거라.
ㄴ. 이것을 가져 가게.
ㄷ. 이것을 가져 가시오.
ㄹ. 이것을 가져 가십시오(가시지오).

(110ㄱ~ㄹ)과 같은 월의 힘을 지시라고 하는 이도 있다.[6] 시킴은 손윗사람이 손아랫사람에게 하는 것이 원칙이나 오늘날은 이와 반대되는 일이 있어, (110ㄹ)과 같은 예를 들었다. 그런데 이와 같은 것은 시킴이라고 보는 것보다는 일종의 간청으로 보아야 할 것이다. 다음과 같은 월은 꾀임으로 볼 수도 있으나 동시에 시킴으로도 볼 수 있다.

(111) ㄱ. 어서 가지자.
ㄴ. 이것을 가지세.
ㄷ. 이것을 가집시다.
ㄹ. 이것을 가집세다.

(111ㄱ~ㄷ)은 꾀임의 뜻이 확실하나 (111ㄹ)은 꾀임인지 시킴인지 분명하지 않다. 따라서, 꾀임과 시킴을 함께 묶어서 다루어야 할 이유의 하나를 여기서도 찾아볼 수 있다.

1.3.6.2 요구

행위요구월은 요구를 나타내는 표현으로 사용할 수가 있다. 이런 경우, 말할이와 들을이와의 사이에 특별한 신분상의 상하관계는 고려되어 있지 않다. 말할이는 권유하고 명령하는 내용이 반드시 이루어질 것이라고는 기대하지 않는다. 이와 같은 용법으로 쓰이면, 행위요구월은 다음과 같은 특징을 갖는다.

① '좀, 아무쪼록' 등이 쓰이지 아니하나 경우에 따라서는 쓰이는 수도 있다.
② 덧마디가 잘 붙어 쓰이지 아니한다.
③ 간접화법에서는 '말하다, 부탁하다, 바라다, …' 등의 말에 의하여 전달된다.

---

6) 강구중(1984), 「국어 시킴꼴의 유형과 의미기능 연구」, 『어문학교육』, 7집, 44쪽 참조.

④ 가락은 월의 끝을 내린다.

(112) ㄱ. 이것 좀 잘 봐 다오.

ㄴ. 이것 좀 잘 봐 주어라.

ㄷ. 그는 너에게 이걸 잘 봐 달라고 부탁하더라.

ㄹ. 그는 너에게 이걸 잘 봐 주자고 말하더라.

(112ㄱ~ㄴ)은 ①에 대한 예인데, '좀'이 들어가니까 간청이 되거나 소망이 되기도 한다. (112ㄷ~ㄹ)은 위 ③에 대한 예인데, 간접화법에서는 '말하다', '부탁하다'를 사용하여 시킴이나 꾀임을 전달하고 있다. 그런데 다음과 같은 시킴이나 꾀임은 성립되지 않는다.

(113) ㄱ. *이것 좀 잘 봐 주, 그렇지?

ㄴ. *이것 좀 잘 봐 주자. 그렇지?

(113ㄱ~ㄴ)의 예는 ②에 대한 것인데, 덧마디 '그렇지'를 사용한 경우의 보기이다. 이때는 월이 성립되지 않는다.

1.3.6.3 의뢰

행위요구월이 의뢰라는 발화의 힘을 발휘하는 일이 있다. 이때, 말할이는 들을이와의 사이에 신분상의 상하관계가 있을 수 있는데, 말할이는 들을이에 대하여 어떤 일을 해 줄 것을 공손하게 부탁하는 형식으로 말하게 된다. 그리하여, 그 내용이 실행될 것이라고 기대하게 된다. 이 용법으로 행위요구월은 다음과 같은 특징을 갖는다.

① '부디, 좀, 아무쪼록 …' 등의 말을 수반한다.

② '좀 해 주(시)겠읍니까'의 형식으로 되는 수가 있다.

③ 간접화법에서는 '부탁하더라', '말하더라'로 전달하는 일이 있다.

④ 가락은 평판조 내지 내림조가 된다.

이제 위의 ①~③까지의 예를 들어 보기로 하겠다.

(114) ㄱ. 이것을 좀 갖다 주세요.(↘)
ㄴ. 이것을 좀 갖다 주시지요.(↘)
ㄷ. 그는 철수가 이것을 좀 갖다 주라고 말한다.(→ 또는 ↘)
ㄹ. 그는 이것을 좀 갖다 주라고 말하더라.(↘)

(114ㄱ~ㄴ)은 아주높임으로 표현한 의뢰이나, 본래 의뢰는 '주자'로써는 좀 불가능한 것 같고, '주어라'는 '좀'이나 '아무쪼록'을 쓰면 의뢰가 될 수 있다. 그런데, '좀 주자'와 같이 말하면 일종의 상의가 된다. 이것이 또 꾀임과 같이 시킴의 차이 중의 하나이다. (114ㄷ~ㄹ)은 바로 따옴의 보기인데, 따옴토씨가 쓰여 있다. 그리고 (114ㄱ~ㄴ)에서 보는 바와 같이, 정중한 의뢰일수록 월끝의 가락이 내려간다.

1.3.6.4 간청

행위요구월이 신분상으로 아랫사람으로부터 윗사람에게 발화되면 간청이라는 힘을 가지게 된다. 말할이는 행위요구월의 내용이 상대방에 의하여 실행되리라고 반드시 기대하지 않는다. 행위요구월이 이런 용법으로 쓰이면 다음과 같은 특징을 나타낸다.

① 월 앞이나 월 끝에 '아무쪼록, 부디, 좀 …' 등의 말을 쓸 수 있다.
② '-을 위하여 -하세요'의 형식을 취하기도 한다.
③ 간접화법에서는 '바란다, 부탁하다 …' 등의 말로써 전달한다.
④ 가락은 평판조나 내림조가 되나 경우에 따라서는 오름조가 될 때도 있는데, 그때는 더 간절한 뜻을 나타내기 위해서이다.

(115) ㄱ. 부디 그를 용서하 {셔요 / 시지요}

ㄴ. 어린이를 위하여, 부디 좀 조용히 하 { 셔요 / 시지요 }

ㄷ. 나는 그에게 제발 데려 가자고 부탁하였다.

ㄹ. 나는 그에게 제발 나를 데려가 달라고 부탁하였다.

ㅁ. 이 사람의 은혜를 잊지 마셔요.(↗)

(115ㄱ)은 앞 ①에 대한 보기요, (115ㄴ)은 ②에 대한 보기이고, (115ㄷ~ㄹ)은 ③의 보기이다. (115ㅁ)의 예문은 ④의 보기이다. (115ㄷ~ㄹ)에서 보면 이들의 안긴월은 모두 바로따옴인데 따옴토씨는 '–고'이다.

1.3.6.5 소망

행위 요구월은 말할이의 소망을 나타낼 때도 쓰인다. 지금까지 다룬 행위요구월의 경우는 들을이에게 어떤 행위를 이행하도록 시키든지 의뢰하든지 한 것이므로, 이들 행위요구월에 나타나는 풀이말은 자제 가능한 것에 한정되나, 소망을 나타내는 행위요구월의 경우에는 상대가 어떤 상태에 있기를 바라는 것이므로, 풀이말은 자제 불가능한 것도 허용된다. 또 상대에 대하여 명령, 요구(요청), 의뢰(부탁), 간청할 경우에는 용납되지 않았던 수동형을 사용하여 소망을 나타낼 수도 있다. 이와 같은 가려잡기를 할 수 있는 풀이말, 때매김 등의 점에서 보통의 행위요구월과 서로 다르므로 의사시킴월이라고 보는 일도 있다. 이상에서 말한 것 외에도 다음과 같은 특징을 들 수 있다.

① '제발, 좀, 부디 …' 등을 수반하는 일도 있다.
② 덧마디는 수반하지 않는다.
③ 간접화법에서는 '말하다 …'에 의하여 소원이 전달된다.

(116) ㄱ. 부디 참 {아라. / 자. / 으소서.}

ㄴ. *제발 가게 하 {여라, / 자,} 그렇지?

ㄷ. 나는 {그들에게 / 우리 모두} 부디 재미있게 놀 {아라 / 자} 고 말하였다.

(116ㄱ)에서 보면 소망의 뜻을 나타내기 위해서는 아주 낮춤으로서는 부적당한 것 같고, 아주높이 가장 적절한 것 같으나, 상황에 따라서는 상관이 없다. (116ㄴ)은 덧마디가 있으므로 부적절하고, (116ㄷ)과 같은 안긴월의 경우는 소망의 뜻은 잘 나타나지 않고 명령의 뜻이 뚜렷이 나타나는 것 같다. 그러나 상황에 따라서는 명령이 소망의 뜻으로 쓰일 수 있음에 유의하여야 한다. 즉 예를 들면 다음과 같다.

(117) ㄱ. 그는 나에게 부디 재미있게 노시지오라고 말하였다.

ㄴ. 선생님은 학생들에게 잘 놀아라고 말씀하셨다.

1.3.6.6 허가

시킴월은 말할이가 원하는 허가를 나타낼 수 있다. 이 용법에서는 다음과 같은 특징을 갖는다.

① '부디, 아무쪼록, 제발 …' 등은 수반되지 않는다.
② 덧마디를 수반하지 않는다.
③ 간접화법에서는 '말하다, 허락하다 …' 등으로 전달된다.
④ 가락은 내림조가 된다.

그러면 위의 설명에 예를 들고 검토해 보기로 하겠다.

(118) ㄱ. 좋아한다면, 가져 가 {거라. / 자.}

ㄴ. 선생님은 집에 가라 하셨다.

ㄷ. 피곤할텐데, 편안히 쉬어라.

(118ㄱ)에서 보면 '허가'의 경우는 임자말에 따라 행위요구월이 성립되고, (118ㄴ)은 안긴월이 허락을 나타내고 있다. (118ㄷ)은 허가하되 편안히 쉬게 하고 있다. 허가를 뜻할 때는 가락은 여느 때와 같이 내림조이다. 물론 허가의 뜻을 나타낼 때는 상황에 따라 또는 문맥에 따라 인지할 수 있다.

1.3.6.7 제의(제안)

꾀임월은 제의(제안)의 힘도 갖는다. 제의이므로 말할 내용이 상대방에 의하여 실행되나 안 되나에 대해서는 그리 집착하지 않으나, 상대방과의 사이에 신분상의 상하관계는 별로 있는 것 같지 않다. 따라서 다음과 같은 특징을 갖는다.

① '부디 …' 등의 말을 수반하지 않는다.

② 직접, 간접화법에서는 '말하다, 이야기하다 …' 등에 의하여 전달된다.

③ 가락은 내림조가 된다.

④ '같이', '함께'라는 어찌씨가 잘 쓰인다.

(119) ㄱ. 우리 모레 놀러가자.

ㄴ. 우리 제발 모레 놀러 가자.

ㄷ. 철수가 우리 모레 놀러 가자 하더라.(↘)

ㄹ. 우리 같이 놀자.(↘)

ㅁ. 우리 같이 공부하세.

ㅂ. 우리 모두 동참하시지오.

제의는 꾀임꼴로만 되는 것이 특징이다. 시킴꼴로서는 제의는 안 된다. 그러나, 물음꼴로써는 가능하다. (119ㄱ)은 '제발'이 안 쓰인 보기요, (119ㄴ)은 그것이 사용된 보기이다. (119ㄷ)은 바로따옴의 보기요, (119ㄹ)은 '같이'라는 어찌씨가 옴으로써 제의의 뜻을 더욱 분명히 나타낸 보기이고, (119ㅁ)은 예사낮춤의 제의요, (119ㅂ)은 아주높임의 제의이다.

1.3.7 행위요구월의 특수한 표현형식

행위요구월의 표현형식에는 물음에 의한 것과 베품 형식에 의한 것의 둘이 있다.

1.3.7.1 물음에 의한 행위요구월

1) 물음형 의뢰표현의 특징

상대에게 어떤 행위를 의뢰하는데, 다음과 같은 물음월을 사용하는 일이 있다.

(120) ㄱ. 이것 좀 보아 주시겠어요?
ㄴ. 차를 좀 밀어 주시겠어요?
ㄷ. 이걸 좀 닦아 주실 수 없겠어요?
ㄹ. 같이 가시겠어요?

의뢰표현은 어떤 의뢰(부탁)을 나타내므로 정중하게 표현하여야 한다. 이와 같은 뜻을 갖는 물음형의 월을 의뢰표현월이라 부르기로 한다. 물음형 의뢰표현월에는 반드시 미룸때 안맺음씨끝 '－겠－'이 들어가야 한다. (120ㄱ~ㄹ)의 월을 '이것 좀 보아 주셔요'하면 가락도 내림조가 될 뿐 아니라 시킴의 형태가 되어 버린다. 이것이 행위요구월과 다른 점이요, 또 이에는 반드시 '좀 …' 등의 말이 쓰임으로써 보통의 물음월과도 구별되며, 가락도 내림조가 되나 말이 무척 부드럽다. 다음에서 물음형 의뢰표현과 행위요구월 및 물음월과의 차이점을 알아 보기로 하겠다.

① '좀'과 같은 말이 세 가지 월에 공통으로 쓰인다. 그러나 '부디'는 시킴월에만 쓰이며, 가락은 물음형 의뢰표현에 있어서는 경우에 따라서 내림조가 된다.

(121) ㄱ. 그것 좀(부디) 가져 오셔요.(↘)
ㄴ. 그것 좀 가져 오시겠어요?(↘ 또는 ↗)
ㄷ. 그것 좀 가져 오실 수 있(없)겠어요?(↗)
ㄹ. 같이 가면 어떨까요?(↘)

(121ㄱ)은 시킴월이요, (121ㄴ)은 물음형 의뢰표현이며 (121ㄷ)은 물음월이며(또는 의뢰표현도 됨), (121ㄹ)은 꾀임월이다(물론 경우에 따라 물음월도 된다). 꾀임월에는 항상 '같이, 함께' 등과 같은 어찌씨가 쓰인다.

② 행위요구월이나 물음형 의뢰표현에 나타나는 풀이말은 보통 자제 가능한 움직씨에 한정되어 있으나, 물음월에는 어떤 제한이 없다.

(122) ㄱ. *부디 빨리 병이 나아라.
ㄴ. *부디 빨리 병이 낫겠습니까?
ㄷ. 빨리 병이 낫겠습니까?

(122ㄱ) 아무리 '빨리 병이 나아라'고 시켜도 병은 낫지 아니한다. 따라서, 비문이 되었다. 그러나 이것이 만일 인사로 쓰인다면 바른 월로 자연스럽다. 이런 까닭에 인사와 시킴의 차이가 있다. 또한 (122ㄴ)도 물음형 의뢰표현으로서는 말이 안 되고, (122ㄷ)과 같은 물

음이라면 가능하나, 물음과 또 다른 점은 '부디'라는 어찌씨가 들어 있는 점이다.

③ 행위요구월이나 물음형 의뢰표현에는 '수이, 기꺼이, …' 등의 어찌씨가 쓰일 수 없으나 물음월에는 쓰일 수 있다.

(123) ㄱ. 그 책을 수이 읽어라.
ㄴ. 그 책을 좀 수이 읽겠습니까?
ㄷ. 그 책을 수이 읽겠습니까?

(123ㄱ)은 시킴월이요, (123ㄴ)은 물음형 의뢰표현으로서는 곤란하나, '그 책을 좀 쉽게 읽어 주실 수 있겠습니까?'식으로 말을 하면 가능하다. 따라서 내용에 따라 앞에 나온 어찌씨들이 쓰일 수도, 없을 수도 있다. 그런데 물음형 의뢰표현에는 쓰일 수 없는 어찌씨가 있다. '만약, 만일, 천만에, …' 등이 그것이다.

④ 행위요구월이나 물음형 의뢰표현에는 지난적어찌씨가 쓰이지 못하나, 물음월에는 쓰일 수 있다.

(124) ㄱ. *어제 책을 부쳐라.
ㄴ. *엊그제 편지를 부쳐 주시겠습니까?
ㄷ. 엊그제 편지를 부쳤나요?
ㄹ. *어제 책을 부치자.

⑤ 행위요구월이나 물음형 의뢰표현에 있어서는 '아무'형의 대이름씨나 어찌씨가 쓰일 수 있고, 물음월에는 '어떤', '아무'형이 쓰일 수 있다.

(125) ㄱ. 아무 것이나 빌려 주어라.
ㄴ. 아무 것이나 좀 빌려 주시겠어요?
ㄷ. 어떤 것을 빌려 주었지?

(126) ㄱ. *아무 것을 빌려 주어라.

ㄴ. 어떤 것을 빌려 주시겠습니까?

ㄷ. 아무 것이나 빌려 주었나?

(125ㄱ~ㄷ)과 (126ㄱ~ㄷ)에서 보면 토씨가 중요한 구실을 하고 있음을 알 수 있다. 어떤 토씨를 쓰느냐에 따라서, 바른 월이 되느냐 바른 월이 되지 못하느냐가 결정된다. 즉 (125ㄱ)과 (126ㄱ)은 같은 월인데, (125ㄱ)에는 토씨 '이나'가 '아무 것' 다음에 쓰이니까, 문법적인 월을 만들었는 데 대하여, '을'이 오니까 (126ㄱ)에서는 비문이 되었다. 여기에서 국어도움토씨가 발달하게 된 까닭의 일단을 엿볼 수 있다.

⑥ 행위요구월이나 물음형 의뢰표현에서의 임자말은 둘째가리킴이거나 또는 말할이가 이야기할 수 있는 테두리 안의 사람에 한정되나, 물음월의 임자말은 이 제한이 없다.

(127) ㄱ. 네가 문을 열어라.

ㄴ. 당신이 문을 좀 열어 주시겠어요?

ㄷ. 내가 문을 열까?

(128) ㄱ. *내가 문을 열어라.

ㄴ. *내가 문을 열어 주시겠습니까?

(129) ㄱ. 내가 문을 열까?

(127ㄱ~ㄷ)은 문법적이나 (128ㄱ~ㄴ)은 비문이다. (128ㄱ~ㄴ)이 비문인 것은 임자말인 '내'가 왔기 때문이다. 그리고 (129ㄱ)이 문법적인 것은 말할이가 상대에게 자기가 문을 열까를 묻고 있으므로 가능한 것이다.

⑦ 행위요구월은 다른 행위요구월과 등위접속이 가능하나 물음월과의 접속은 불가능하다. 그리고 물음월은 다른 물음월과 등위접속이 가능하나 행위요구월과의 등위접속은 불가능하다. 물음형 의뢰표현은 행위요구월의 경우와 같은 접속이 가능하다.

(130) ㄱ. 너는 이것을 가져 가고, 철수는 저것을 가져 가 {거라. / 자.}

ㄴ. 나에게 이것을 주고, 철수에게는 저것을 좀 주겠니?

ㄷ. 너는 밥을 먹고, 나는 떡을 먹자.

ㄹ. 너는 술을 마실래? 그리고 나에게는 물을 줄래?

(130ㄹ)의 경우는 비문은 아니나, 하나의 월이 아니라 두 개의 월이다. 이것은 다음과 같이 하면 가능하다.

(131) 너는 술을 마시고, 나는 물을 마실까?

2) 물음형 제안표현의 특징

한국어에서는 상대방과 말할이를 합하여 첫째가리킴 복수로 하여 어떤 제안을 물음형식으로 나타내는 수가 있다.

(132) ㄱ. 우리 내일 놀러 갈까?

ㄴ. 아버지 내일 소풍가시겠습니까?

(132)와 같은 형식의 월이라도 (133)과 같은 월은 물음월이다. 왜냐하면 '아버지'와 '선생님'의 의사를 묻고 있기 때문이다.

(133) ㄱ. 아버지, 제가 갈까요?

ㄴ. 선생님, 저희가 갈까요?

이제 물음형 제안표현의 특징을 몇 가지 들어 보면 다음과 같다.

① 물음형 제안표현은 임자말이 반드시 '우리'이다.

(134) ㄱ. 우리 한잔 하러 갈까?
ㄴ. 아버지 우리 내일 소풍 가시겠습니까?

② 물음형 제안표현에 있어서의 물음씨끝은 '－ㄹ래', '－ㄹ까' 또는 '－습니까' 등에 한정된다.

(135) ㄱ. 놀러 갈래?
ㄴ. 함께 갈래?
ㄷ. 우리 내일 소풍 가실까요?

③ 물음형 제안표현의 때매김은 이적이므로 지난적 어찌씨는 쓰일 수 없다.

(136) ㄱ. 지금 갈까?
ㄴ. 내일 갈까?
ㄷ. *어제 갈까?

④ 물음형 의뢰표현에 부정의 매인풀이말이 오면 제안표현은 다음과 같이 된다.

(137) ㄱ. 우리는 그를 도와 주지 않겠니?
ㄴ. 우리는 그를 도와 주지 말까?

(137ㄱ~ㄴ)에서와 같이 부정어를 사용하는 경우의 제안은 다소 부드럽게, 또는 다소 강하게 상대의 의견을 물으면서 제안하는 셈이 된다.

1.3.7.2 셋째가리킴 임자말에 의한 행위요구월

행위요구월의 임자말이 둘째가리킴이라는 것은 이미 살펴본 바와 같이 누구나 다 아는 바이나 셋째가리킴이 행위요구월의 임자말로 쓰이는 예도 있다.

(138) ㄱ. 누구(아무)나 가 {거라. / 자.}

ㄴ. 춤을 추고 싶은 사람은 상대자를 찾 {아라. / 자.}

(138ㄱ~ㄴ)에서 보면 임자말은 다 셋째가리킴인데 거기에는 물음대이름씨, 일반이름씨 등이 모두 임자말이 되어 있음을 알 수 있다. 그런데, 임자말의 이름씨구는 말할이가 말할 수 있는 상대자가 아니면 안 된다. 따라서 다음과 같은 셋째가리킴 임자말은 셋째가리킴 행위요구월에서는 쓰일 수 없다.

(139) ㄱ. *자네 아들은 이리 오 {너라. / 자.}

ㄴ. *그 여자는 철수에게 책을 주어라.

ㄷ. *우리 학교는 잘 있거 {라. / 자.}

더구나 셋째가리킴 행위요구월이 성립되려면, 말할이의 대상자가 임자말의 이름씨구를 포함하여 복수가 되어야 한다. (138ㄱ~ㄴ)의 임자말은 모두 이와 같은 모든 조건을 포함하고 있다.

1.3.7.3 베풂에 의한 행위요구월

이 표현은 으뜸풀이씨의 씨끝이 '-이야'가 되고 그 다음에 매인움직씨 '하다'가 와서 이루어진다.

(140) ㄱ. 너는 반드시 이 약을 먹어야 한다.
ㄴ. 비가 꼭 와야 한다.

(140ㄱ)은 베풂 행위요구월이 되나, (140ㄴ)은 베풂월이다. 그것은 임자말이 사람이름씨가 아니기 때문이다. 따라서, 베풂 행위요구월이 되기 위해서는 다음과 같은 몇 가지 특징을 지닌다.

1) 베풂 행위요구월의 임자말은 반드시 둘째가리킴의 사람대이름씨가 와야 한다.

(141) ㄱ. 너는 꼭 가야 한다.
ㄴ. 철수는 어서 가야 한다.

2) 어찌씨 '꼭, 반드시' 등이 쓰이는 것이 일반적이다.

(142) ㄱ. 너는 꼭 합격해야 한다.
ㄴ. 순희야 꼭 합격해야 한다.

그러나 반드시 쓰이지 아니하여도 상관은 없다.

(143) ㄱ. 영숙이는 가야 한다.
ㄴ. 철이는 있어야 한다.

(141), (142), (143)를 비교하여 보면, '반드시, 꼭' 등이 들어가야 더 강한 뜻을 나타냄을 알 수 있다.

3) '-야 마땅하다'의 형식도 쓰일 수 있다.

(144) ㄱ. 너는 가야 마땅하다.

ㄴ. 철이는 가야 마땅하다.

(144ㄱ~ㄴ)도 베풂이면서 그 속뜻은 시킴을 나타낸다.

4) 으뜸풀이씨가 그림씨일 때는 임자말이 둘째가리킴이 아니라 하더라도 행위요구의 뜻을 나타낸다.

(145) ㄱ. 사람은 마음이 착하여야 한다. (셋째가리킴 행위요구월임)
ㄴ. 누구나 정신이 깨끗하여야 한다. (위와 같음)

(145ㄱ)은 '사람은 다 마음이 착하여라'의 뜻이요, (145ㄴ)은 '누구나 정신이 깨끗하여라'의 뜻이다.

5) 다음과 같은 베풂 행위요구월도 있다.

(146) ㄱ. 집에서 열심히 공부합시다.(↗)
ㄴ. 내일 10시에 모입니다.(↗)
ㄷ. 여기에서는 담배를 피울 수 없습니다.(↘ 또는 ↗)
ㄹ. 개가 방에 들어 올라.(↘)

(147) ㄱ. 나를 도와 주었으면 좋겠다.
ㄴ. 차문이 열렸다.
ㄷ. 내가 방문을 열어 놓고 있다.
ㄹ. 문을 열어 놓으니, 바람이 많이 들어 온다.

1.3.7.4 감탄에 의한 행위요구월

감탄의 형식으로 월을 끝맺으면서, 그 속뜻으로는 행위요구를 나타내는 표현법을 말하는데, 다음에서 예를 들고 그 특징과 취급법에 대하여 알아 보기로 하겠다.

1) 감탄으로 끝맺는다.

(148) ㄱ. 아이, 배고파! ㄴ. 아, 책이 바뀌었다!
ㄷ. 좀, 자주 만났으면!

(148ㄱ)은 '아이, 배고파, 밥 줘'의 뜻으로 쓰였고, (148ㄴ)은 '아, 책이 바뀌었다, 바꾸자'의 뜻을 나타내며, (148ㄷ)은 '좀, 자주 만났으면 하는데, 자주 만나자' 또는 '자주 만나게 해 달라'는 뜻으로 쓰였다.

2) 월이 완전하게 끝맺지 아니하고, 월 조각의 일부만 나타낸다.

(149) ㄱ. 잘들 노는군! ㄴ. 잘도 한다.

(149ㄱ)은 '너무 지나친데, 그렇게 하지 말아라(말라)'의 뜻이요, (149ㄴ)은 해서는 안 될 일을 하는데, '그런 일은 하지 맙시다(말아라)'의 뜻으로 쓰여 있다.

3) 때때로 반의적으로 쓰이기도 한다.

(150) ㄱ. 아이, 네 이름을 잊었네!
ㄴ. 그를 좀 만나 보았으면!

(150ㄱ)은 이름을 잊었으니 이름을 가르쳐 달라는 뜻이요, (150ㄴ)은 그를 좀 만나게 해 달라는 뜻으로, 감탄형을 사용하여 반의적으로 시킴의 뜻을 나타내고 있다.

1.3.7.5 생략에 의한 행위요구월

이에는 대화형과 비대화형의 둘이 있는데, 대화형에는 베풂에 의한 경우와 감탄에 의한 경우의 둘이 있고, 비대화형에는 매인이름씨에 의한 것, 이름법에 의한 것, 어찌씨에 의한 것, 관용구에 의한 것 등이 있는데, 이들에 대하여 검토해 보기로 한다.

1) 대화에 의한 것

① 베풂에 의한 것

이 경우의 생략 행위요구월은 바로 행위요구를 나타낸다.

(151) ㄱ. 차렷. ㄴ. 열중 쉬어.
ㄷ. 경례. ㄹ. 앞으로 가.
ㅁ. 뒤로 돌아가.

② 감탄에 의한 것

여기서는 느낌월에 의하여 행위요구를 나타낸다. 다음에 예를 보고 검토하기로 하겠다.

(152) ㄱ. 불이야! ㄴ. 여보, 밥.
ㄷ. 엄마, 젖.

(152ㄱ)은 '여러분, 불이 났으니 불을 좀 끕시다'를 '불이야'로 (152ㄴ)은 '여보, 밥을 주시오'를 줄여서 '여보, 밥'으로 나타낸 것이며, (152ㄷ)은 '엄마, 젖 줘'를 '엄마, 젖'으로 나타낸 것이다.

2) 비대화에 의한 것

비대화에 의한 행위 요구월은 주로 공고에 의하여 이루어지는 월을 말하는데, 이것을 세분하여 설명하면 다음과 같다.

① 매인이름씨에 의한 것

(153) ㄱ. 세금을 기한 내에 낼 것.　ㄴ. 조용히 할 것.
ㄷ. 자습할 것.

② 이름법에 의한 것

(154) ㄱ. 기한 내 납부 바람.
ㄴ. 도움 요청.
ㄷ. 관계자외 출입할 수 없음.
ㄹ. 한줄로 서기.
ㅁ. 급 상경 바람.

③ 어찌씨에 의한 것

이 경우의 보기는 월을 줄여서 어찌씨나 어찌말로 끝맺는 경우이다.

(155) ㄱ. 문 살짝　ㄴ. 통화는 간단히
ㄷ. 일렬로　ㄹ. 조용히

④ 관용구에 의한 것

여기서 관용구라고 한 것은 습관적으로 오래 써 오는 말을 두고 한 말이다.

(156) ㄱ. 칠 주의　ㄴ. 개 주의
ㄷ. 경로석　ㄹ. 금연석
ㅁ. 차내 금연　ㅂ. 자연 보호
ㅅ. 문화재 보호　ㅇ. 산림녹화
ㅈ. 자주국방　ㅊ. 주차금지

ㅋ. 여자용　　　　　　　　ㅌ. 남자용

ㅍ. 우측통행　　　　　　　ㅎ. 제차정지

3) 생략에 의한 행위요구표현의 특징

대화형이든 비대화형이든 생략된 행위요구표현에 나타난 말은 몇 가지 유형으로 나눌 수 있는데, 그것은 다음과 같다.

① 생략된 말에 행위요구월을 더하여야 하는 것

(157) ㄱ. 응모 서류는 반환하지 않음(않으니 요구하지 마시오).

ㄴ. 공사중(이니 조심하시오.)

ㄷ. 통제구역(이니 통행을 금합니다.)

② 생략된 말 그 자체에 행위요구의 뜻이 내포되어 있는 것

(158) ㄱ. 기한 내에 낼 것.　　　　ㄴ. 칠 주의

ㄷ. 산불 주의　　　　　　ㄹ. 자연 보호

③ 경우에 따라서는 어찌씨, 부림말과 어찌씨만 남고, 풀이말이 주는 것도 있다.

(159) ㄱ. 조용히　　　　　　ㄴ. 문 살짝

④ 생략에 의한 행위요구월에는 핵심적인 말은 반드시 나타나는 것이 특징이다.

(160) ㄱ. 조용히　　　　　　ㄴ. 칠 주의

ㄷ. 등산로　　　　　　ㄹ. 공사중

ㅁ. 금연구역

⑤ 한자말로 된 것이 많다.

(161) ㄱ. 밀수금지(密輸禁止)　　　ㄴ. 입산금지(入山禁止)
ㄷ. 제한구역(制限區域)　　　ㄹ. 한인물입(閑人勿入)

1.3.7.6 인사 행위요구월

인사 행위요구월의 특징은 다음과 같다.

1) 꾀임꼴과 시킴꼴이 다 나타난다.

(162) ㄱ. 잘 자거라.　　　ㄴ. 잘 가자.

2) 행위요구월의 움직씨는 자제 가능한 것에 한정되는 것이 원칙이나 여기서는 그렇지 아니하다.

(163) ㄱ. 제발 속히 {나아라. / 낫자.}
ㄴ. 부디 잘 되 {어라. / 자.}
ㄷ. 부디 성공하 {여라. / 자.}

(163ㄱ~ㄷ)은 모두 상대방에 대한 인사말로 한 것이다. 따라서, 이들 월은 다 문법적이다. 그러나 참된 의미에 있어서의 시킴이나 꾀임이라면 성립될 수 없는 것이다.

3) 의사 행위요구월에 '부디'나 '제발' 및 '아무쪼록' 등의 어찌씨가 올 수 있다.

(164) ㄱ. 아무쪼록 건강하여라.

ㄴ. 부디 잘 있거라.

ㄷ. 제발 부자가 되어라.

4) 그림씨도 행위요구씨끝으로 풀이말이 될 수 있다.

(165) ㄱ. 제발 어질 {어라. / 자.}

ㄴ. 제발 건강하 {여라. / 자.}

ㄷ. 부디 튼튼하 {여라. / 자.}

1.4 하임월

여기서는 파생법이나 어휘적방법에 의한 것은 줄이고 통어적방법에 의한 것만 다루기로 한다.

1.4.1 통어적방법에 의한 하임월의 형식

이 하임월은 (166)과 같은 형식에 의하여 이루어진다.

(166) ㄱ. 임자말+위치말+부림말+'-게'+하다(만들다)
||
(이름씨+에게)

ㄴ. 임자말+위치말+부림말+'-도록'+하다(만들다)
||
(이름씨+에게)

(166ㄱ~ㄴ)에서 씨끝 '-게'와 '-도록' 뒤에 오는 '하다', '만들다'는 하임매인움직씨이다. 그리고 위치말은 월에 따라서는 쓰이지 않는 일도 있다.

(167) ㄱ. ㉮ 나는 철수에게 이 글을 읽게 하였다.
㉯ 나는 그가 이 일을 하게 만들었다.
ㄴ. ㉮ 선생님은 영희에게 공부를 하도록 하였다.
㉯ 그는 철수를 가도록 만들었다.
ㄷ. 나는 영희를 가게 하였다.

(167ㄱ) ㉮의 하임법은 허락의 뜻이요, ㉯는 성취의 뜻이다. (167ㄴ)의 ㉮는 강제요, ㉯는 성취의 뜻을 나타내고, (167ㄷ)은 허락의 뜻을 나타낸다. 그런데, (167ㄱ~ㄷ)은 말하는 상황에 따라서는 강제의 뜻으로도 이해될 수 있다.

1.4.2 하임월 서로 사이의 의미 특성[7)]

파생적방법에 의한 하임월과 통사적방법에 의한 하임월 사이에는 의미적인 차이가 있다.

(168) ㄱ. 선생님이 학생에게 책을 읽히었다.
ㄴ. 선생님이 학생에게 책을 읽게 하였다.

(168ㄱ)에서는 책을 직접 읽게 한 사람은 선생님이요, (168ㄴ)에서는 선생님의 말에 의해서 책을 읽은 사람은 학생이다. 즉, (168ㄱ)월의 하임법이 직접하임이라면 (168ㄴ)월의 하임법은 간접하임이다.

(169) ㄱ. 아버지는 아들을 공부시킨다.
ㄴ. 아버지는 아들에게 공부하게 한다.
ㄷ. 아버지는 아들에게 약을 먹인다.

(169ㄱ)은 아버지의 직접적인 행위를 뜻한다면, (169ㄴ)에서는 아버지의 말에 의해서 공부를 한 사람은 아들이다.

7) 권재일(1992), 『한국어 통사론』, 민음사, 162~197쪽 참조.

(170) ㄱ. 어휘적방법에 의한 하임법: 직접하임(행위자는 아버지)

ㄴ. 통어적방법에 의한 하임법: 간접하임(행위자는 아들)

ㄷ. 파생적방법에 의한 하임법: 직접하임(행위자는 아버지)

의미관계로 보면 '(168ㄱ)=(169ㄷ)'의 관계가 성립됨을 알 수 있다.

1.5 입음월

여기서도 하임월에서와 같이 파생법이나 어휘적방법에 의한 것은 줄이고 통어적방법에 의한 것만 다루기로 한다.

1.5.1 통어적방법에 의한 입음월

월의 임자말이 제 힘으로 스스로 어떤 움직임을 하지 아니하고, 남의 힘을 입어서 그 움직임을 하는 것을 나타내는 말본적 범주를 입음법이라 한다.

입음법도 하임법과 같이 그 실현 방법에는 다음 세 가지가 있다.

(171) ㄱ. 파생적방법에 의한 입음법

ㄴ. 어휘적방법에 의한 입음법

ㄷ. 통어적방법에 의한 입음법

(172) ㄱ. ㉮ 나는 고기를 잘 낚는다.

㉯ 고기가 나에게(나에 의하여) 잘 낚아 진다.

ㄴ. ㉮ 김 박사가 그 문제를 풀었다.

㉯ 그 문제는 김 박사에 의해서 풀어 졌다.

ㄷ. 나는 고기가 잘 낚아 진다.

ㄹ. 그 문제가 김 박사에 의해 밝히었다.

ㅁ. 그 문제가 김 박사에 의하여 밝히어졌다.

(172ㄱ)의 ㉮가 입음이 되면 ㉯와 같이 된다. ㉯에서의 특징은 위치말이 '나에게(한테)' 또는 '나에 의하여' 등으로 될 수 있다는 점이다. (172ㄴ) ㉮는 ㉯와 같이 되고 (172ㄴ)의 ㉮가 입음월이 되면 ㉯와 같이 되는데, 능동월의 부림말의 자질에 의하여 (172ㄱ)의 ㉮가 (172ㄷ)과 같이 된다는 점이 '지다'에 의한 입음법의 특질이다. 즉 이－계 입음움직씨의 경우와 같아진다.

(173) ㄱ. 나는 고기를 잘 낚는다.
⇓ ⇓ ⇓ ⇓
ㄴ. 나는 고기가 잘 낚아진다.

(174ㄱ)의 능동월의 풀이말은 남움직씨인데, 이것이 다시 입음법이 될 수 있다. 즉 (174ㄱ)이 (174ㄴ~ㄷ)과 같이 입음월이 된다.

(174) ㄱ. 김 박사가 그 문제를 풀었다.

ㄴ. 그 문제는	김 박사에 의해	풀어 졌다.
ㄷ. 그 문제는	김 박사에 의해	풀리었다.

(174ㄱ)이 (174ㄴ)과 같이 '지다'에 의해 입음월이 되었는데, 이것은 다시 (174ㄷ)과 같이 파생적 입음법에 의하여 대체되었다. 다시 말하면, '지다'는 파생적 입음법에 의해서 대체된다.

(172) ~ (175)에 의하여 '지다'에 의한 입음법의 뜻을 살펴보면 성취(172ㄴ의 ㉯), 절로 됨(172ㄷ), 할 수 있음(175) 등으로 이해된다.

(175) ㄱ. 아직 산이야 나는 올라가 진다.
ㄴ. 나는 그 일이 잘 해 내어 진다.

1.5.2 입음월의 마무리

입음월의 형식과 각 입음월의 뜻을 요약하면 다음과 같다.

1.5.2.1 이-계 파생움직씨(입음법)와 '지다'에 의한 입음월의 형식

(176) 임자말+<u>임자말</u>+줄기+이+씨끝
　　　　　　　　　　○○아+지다

(177) ㄱ. 나는 마음이 놓이였다.

1.5.2.2 이-계 파생움직씨(입음법)와 '지다'에 의한 입음월 이외의 입음월의 형식

(178) ㄱ. <u>임자말</u>+ [위치말=이름씨+에게(한테)] +입음움직씨
　　ㄴ. <u>임자말</u>+ [위치말=이름씨+에 의하여] +입음움직씨

(176)과 (178ㄱ~ㄴ)의 밑줄 친 임자말은 능동월의 부림말이요, (178ㄱ~ㄴ)의 위치말은 능동월의 임자말이다. 특히 월의 형식에서 '받-'계와 '당하-'계, '히, 기, 리'계의 입음법의 월형식은 (178ㄱ)이고, '되-'계와 '지다'계 일부의 월형식은 (178ㄴ)이다.

다음 (179)와 같이 '맞다', '듣다'에 의하여 입음이 되는 월이 있다.

(179) ㄱ. 그는 선생님에게 꾸중을 들었다.
　　ㄴ. 그는 선생님에게 매를 맞았다.

1.6 지움월

여기서도 위와 같이 파생법이나 어휘적방법에 의한 것은 줄이고 통어적방법에 의한 것만 다루기로 한다.

1.6.1 매인풀이말에 의한 지움월

(180) ㄱ. ㉮ 아니하다(지움의 뜻): 서술법과 물음법에 의한 지움월
㉯ 못하다(불가능의 뜻): 서술법과 물음법에 의한 지움월
ㄴ. 말다(금지의 뜻): 시킴법과 꾀임법에 의한 지움월

1.6.1.1 '아니하다', '못하다'에 의한 지움월

(181) ㄱ. 나는 학교에 가지 아니한다.
ㄴ. 나는 학교에 가지 못한다.
ㄷ. 그는 학교에 가지 못한다.
ㄹ. 그는 학교에 가지 아니한다.
ㅁ. *너는 학교에 가지 아니한다.
ㅂ. 너는 학교에 가지 못한다.

(181ㅁ)에서 보면, '아니하다'는 이적의 경우 임자말로서 둘째가리킴을 취할 수 없음을 알 수 있다.

1.6.1.2 '말다'에 의한 지움월

(182) ㄱ. *나는 가지 말아라.
ㄴ. 나는 가지 말자.
ㄷ. 너는 가지 말아라.

'말다'는 임자말이 첫째가리킴일 때는 꾀임월만 성립되고, 임자말이 둘째가리킴일 때는 시킴월만 성립된다. '말다'에 의한 물음월은 있을 수 없음은 앞에서 말하였다.

1.6.1.3 잡음씨 '아니다'에 의한 지움월

'아니다'는 '이다'를 지우는 말이다.

(184) ㄱ. ㉮ 나는 학생이 아니다.
㉯ 나는 학생이 아니냐?
ㄴ. ㉮ 너는 학생이 아니다.
㉯ 너는 학생이 아니냐?
ㄷ. ㉮ 그는 학생이 아니다.
㉯ 그는 학생이 아니냐?

1.6.2 지움어찌씨에 의한 지움월

1.6.2.1 '아니'에 의한 지움월

'아니'는 풀이말 앞에 와서 그 풀이말을 지우는 구실을 함으로써 월 전체를 지움월로 만든다. '아니'는 줄여서 '안'으로도 많이 쓰인다.

(185) ㄱ. ㉮ 나는 학교에 아니(안) 간다.
㉯ *나는 학교에 안 가느냐?
ㄴ. ㉮ *너는 학교에 안 간다.
㉯ 너는 학교에 안 가느냐?
ㄷ. ㉮ 그는 학교에 안 간다.
㉯ 그는 학교에 안 가느냐?

둘째가리킴이 임자말일 경우, 완전한 서술법은 성립되지 않는다. 그러나 물음식으로 말하거나 확인하는 식으로 말하면 성립된다.

(186) ㄱ. 너는 학교에 안 가네(↗)
ㄴ. 너는 학교에 안 가는구나.

1.6.2.2 '못'에 의한 지움월

이것은 '할 수 없음'의 뜻을 나타내면서 풀이말 앞에 와서 그 풀이말을 지움으로써 지움월을 만든다.

(187) ㄱ. ㉮ 나는 학교에 못 간다.
㉯ 나는 학교에 못 가느냐?
ㄴ. ㉮ 너는 학교에 못 간다.
㉯ 너는 학교에 못 가느냐?
ㄷ. ㉮ 그는 학교에 못 간다.
㉯ 그는 학교에 못 가느냐?

'못'은 (187ㄱ~ㄷ)에서 보듯이 임자말 제약은 없으나, 특이한 것은 (187ㄴ)의 ㉮와 같이 임자말이 둘째가리킴이고 서술월이 되면 그 뜻은 시킴이 된다. 즉 '못 간다'는 '가지 못한다' 또는 '갈 수 없으니 가지 말라'의 뜻이다.

1.6.3 이중지움월

국어의 이중지움은 다음 여섯 가지 형식에 의하여 이루어지는데, 그 뜻은 긍정이 된다.

(188) ㄱ. 아니＋지＋못하다
ㄴ. 아니＋지＋아니하다
ㄷ. 못＋지＋아니하다
ㄹ. 지＋못하면＋안＋움직씨
ㅁ. 지＋아니하면＋안＋움직씨
ㅂ. 지＋아니하면＋못＋움직씨

이제 예를 들어 보고 설명하면 다음과 같다.

1.6.3.1 아니 + 지 + 못하다

(189) ㄱ. 나는 아니 가지 못하 {리라. / ㄴ다.}

ㄴ. 너는 아니 가지 못하 {리라. / ㄴ다.}

ㄷ. 그는 아니 가지 못하 {리라. / ㄴ다.}

(189)의 지움월은 임자말에 관계 없이 성립한다. (189)의 모든 뜻은 긍정으로 이해된다.

(190) ㄱ. 나는 아니 가지 못하 {겠지? / *느냐?}

ㄴ. 너는 안 가지 못하 {겠지? / *느냐?}

ㄷ. 그는 안 가지 못하 {겠지? / *느냐?}

(190ㄱ~ㄷ)에서 '느냐?'꼴의 물음월은 성립되지 않는다.

1.6.3.2 아니 + 지 + 아니하다

(191) ㄱ. 나는 안 가지 않 {는다. / 겠다.}

ㄴ. 너는 안 가지 않 {는다. / 겠다.}

ㄷ. 그는 안 가지 않 {는다. / 겠다.}

(191)은 임자말 제약 없이 쓰인다. 다음 (192)를 보자.

(192) ㄱ. *나는 안 가지 않(겠)지?
ㄴ. 너는 안 가지 않(겠)지?
ㄷ. 그는 안 가지 않(겠)지?

(192ㄱ)이 성립되지 않는 것은 자기의 의사를 자기가 묻는 일은 있을 수 없기 때문이다. 그런데 '너는 안 가지 않겠느냐?' 식의 물음월은 성립되지 않는다.

1.6.3.3 못+지+아니하다

(193) ㄱ. 나는 일을 못 하지 아니한다.
ㄴ. 너는 일을 못 하지 아니한다.
ㄷ. 그는 일을 못 하지 아니한다.

(193)은 아무런 제약 없이 성립된다. (193)의 물음월은 '-않지?'꼴로 된다.

(194) ㄱ. 나는 일을 못 하지 않지?
ㄴ. 너는 일을 못 하지 않지?
ㄷ. 그는 일을 못 하지 않지?

(194)의 경우 '-않느냐'의 꼴로 쓰이면 뜻에 부정의 물음이 된다.

1.6.3.4 지+못하면+안+움직씨

(195) ㄱ. 나는 이 일을 하지 못하면 안 된다. ('해야 한다'의 뜻)
ㄴ. 너는 공부를 하지 못하면 학교에 안 보낸다. (부정의 뜻)
ㄷ. 그는 이 일을 하지 못하면 안 시키겠다. (부정의 뜻)

(195)는 임자말 제약 없이 모두 잘 성립된다.

(196) ㄱ. 나는 이 일을 하지 못하면 안 되나?
ㄴ. 너는 공부를 하지 못하면 안 되느냐?
ㄷ. 그는 이 일을 하지 못하면 안 되느냐?

이중지움이 긍정이 되게 하는 형식의 월로서 물음월이 성립되게 하려면, (196)과 같이 월의 끝이 '안 되나(되느냐)?' 식으로만 되어야 한다.

1.6.3.5 지 + 아니하면 + 안 + 움직씨

(197) ㄱ. 나는 이 일을 하지 아니하면 안 된다.
ㄴ. 너는 이 일을 하지 아니하면 안 보낸다(된다).
ㄷ. 그는 이 일을 하지 아니하면 안 보낸다(된다).

(197ㄱ~ㄷ)은 각 월 끝의 풀이말이 '된다'가 오면 의무의 뜻을 나타낸다. 이들의 물음월은 다음과 같다.

(198) ㄱ. 나는 이 일을 하지 아니하면 안 되나?
ㄴ. 너는 이 일을 하지 아니하면 안 되느냐?
ㄷ. 그는 이 일을 하지 아니하면 안 가느냐?

1.6.3.6 지 + 아니하면 + 못 + 움직씨

(199) ㄱ. ㉮ 나는 이 일을 하지 아니하면 못 간다.
㉯ 나는 이 일을 하지 아니하면 못 가나?
ㄴ. ㉮ 너는 이 일을 하지 아니하면 못 간다.
㉯ 너는 이 일을 하지 아니하면 못 가느냐?
ㄷ. ㉮ 그는 이 일을 하지 아니하면 못 간다.

㉯ 그는 이 일을 하지 아니하면 못 가느냐?

(199ㄱ~ㄷ)은 별다른 제약없이 서술월이나 물음월이 다 성립한다. 이중지움월은 시킴법과 꾀임법이 있을 수 없기 때문에 지금까지 다루지 아니하였다.

2. 임자씨의 통어적 구실

2.1 임자말

임자말은 낱말, 임자이은말, 임자마디, 월에 임자자리토씨 '이/가', '께서', '께옵서', '에서' 등이 와서 됨은 물론 도움토씨가 와서도 된다.

2.1.1 낱말과 이은말이 임자말이 됨

(1) ㄱ. 책이 많다. (낱말임자말)
ㄴ. 영수는 매일 일한다. (낱말임자말)
ㄷ. 밝은 달이 중천에 떴다. (임자이은말)
ㄹ. 매우 착한 학생이 봉사활동을 잘 한다. (임자이은말)

2.1.2 이름마디가 임자말이 됨

2.1.2.1 '-음'이름마디가 임자말이 됨

월의 풀이말이 감각그림씨, 정의적 그림씨, 평가그림씨, 이지그림씨, 행동그림씨, 신구그림씨를 비롯하여, 견줌그림씨, 셈숱그림씨, 가리킴그림씨일 때는 '-음'이름마디가 월의 임자말이 된다.

(2) ㄱ. 그는 마음가짐이 바르다.
ㄴ. 우리가 여기서 살아감이 매우 즐겁다.

ㄷ. 그는 행동함이 언제나 올바르다.

ㄹ. 그는 일을 처리함이 매우 슬기롭다.

ㅁ. 영희는 일을 행함이 언제나 느리다.

ㅂ. 그는 마음가짐이 언제나 밝다.

ㅅ. 그가 살아감이 나와 비슷하다.

ㅇ. 그가 남보다 뛰어남은 이러하다.

풀이말이 '이름씨+이다'이면서 월의 짜임새가 다음과 같을 때는, '-음'이름마디가 임자말이 된다.

1) '-음'이름마디+때문이다, '-음'이름마디+이름씨+이다

(3) ㄱ. 내가 무궁화를 사랑함은 무궁무진으로 피기 때문이다.

ㄴ. 내가 그를 좋아함은 공부를 잘하기 때문이다.

ㄷ. 나라가 통일됨이 나의 소원이다.

2) '-음'이름마디+'-아서'+이다(그러하다), 이름씨+'-아서'+이다

(4) ㄱ. 그가 남의 사랑을 받음은 열심히 일해서이다(열심히 일해서 그러하다).

ㄴ. 내가 잘 됨은 하나님이 도와서이다.

3) 풀이말이 '있다, 없다'일 때

(5) ㄱ. 예수가 십자가를 지심은 무슨 죄가 있나?

ㄴ. 네가 이 일로 결석함은 아무 잘못이 없다.

4) 풀이말이 움직씨일 때

(6) ㄱ. 하나님의 복 주심이 우리를 즐겁게 한다.
ㄴ. 우리가 살아감은 그 사명을 달성해야 하는 데 있다.
ㄷ. 하나님이 우리를 사랑하심은 세상이 에덴 동산과 같음을 보이고자 하심에 있다.

움직씨가 풀이말일 때, '－음'이름마디가 임자말이 되는 경우는, 그림씨가 풀이말일 때보다 많은 제약이 있다.

2.1.2.2 '－기'이름마디가 임자말이 됨

1) 풀이말이 그림씨일 때

풀이말이 '즐겁다, 섭섭하다, 나쁘다, 좋다, 같다, 그러하다, …'등과 같이, 평가그림씨, 정의적그림씨, 가리킴그림씨 등이 되어, 어떤 동작 그 자체를 나타내거나 방법, 조건 등을 나타낼 때는 '－기'이름마디가 임자말로 쓰인다.

(7) ㄱ. 나는 일하기가 즐겁다.
ㄴ. 나는 여기서 살기가 나쁘다.
ㄷ. 그가 말하기는 이러하였다.

(7ㄱ,ㄷ)의 '－기'는 일하는 것, 말하는 것 그 자체, 즉 행하는 행위의 뜻을 나타내고, (7ㄴ)의 '－기'는 사는 조건, 환경 등의 뜻을 나타낸다.

2) 풀이말이 움직씨일 때

(8) ㄱ. 누구나 아이들을 잘 키우기는 매우 힘든다.

ㄴ. 풍년이 들기는 하나님의 은혜가 풍성함을 보이기 위한 것임을 알아야 한다.

ㄷ. 훌륭한 사람이 되기는 애국심에서 말미암는다.

움직씨가 풀이말이 될 때, 이름마디가 임자말이 되는 것은 그림씨일 때보다 제약이 있다.

2.1.2.3 '－은/는＋매인이름씨(통어적 이름마니)'가 임자말이 됨

이때의 매인이름씨에는 '것, 지, 바' 등이 있다.

(9) ㄱ. ㉮ 우리가 일을 하는 것이 참된 행복이다.

㉯ 비가 올 것이 분명한데 어디를 가자고 하느냐?

ㄴ. ㉮ 우리가 고향을 떠난 지가 어언 십 년이 되었다.

㉯ 그가 무엇을 할 지가 우리의 관심거리였다.

ㄷ. 내가 믿는 바는 그의 성실함이다.

2.1.3 월이 임자말이 됨

(10) ㄱ. 죽느냐 사느냐가 문제이다.

ㄴ. 문제는 대학에 합격하느냐 하지 않느냐가 아니라, 얼마나 착실하게 공부하느냐에 있다.

ㄷ. 네가 붙느냐 떨어지느냐는 너의 실력에 달려 있다.

ㄹ. 이 문제는 이것을 어떻게 처리하느냐가 큰 골칫거리이다.

ㅁ. 네가 가고 안가고가 문제가 아니다.

ㅂ. 그게 무엇인가는 두고 보아야 한다.

(10ㄱ~ㅂ)에서 보면, 월이 임자말이 될 때, 토씨가 '－가'냐 '－은/는'이냐는 풀이말과의 의미 관계에 따라 결정되는데, 풀이말이 지움이거나 '이름씨＋이다'이거나 '물음말＋인가' 등일 때는, '－가' 토씨가

오고, 화제나 분별의 뜻으로 쓰일 때는 '-은/는'이 온다.

2.1.4 어떤 말을 특히 임자자리에 서게 함

풀이의 제목을 삼기 위하여 사용된다.

(11) ㄱ. '가'는 임자자리토씨이다.
ㄴ. '있다'는 움직씨요, '없다'는 그림씨이다.
ㄷ. '아주 잘 살기'는 이 월의 임자말이 된다.

2.2 부림말

부림말은 남움직씨가 풀이말이 될 때에 반드시 쓰이게 된다. 따라서 부림말의 일치소는 남움직씨이다.

2.2.1 낱말과 이은말이 부림말이 됨

(12) ㄱ. ㉮ 영희는 꽃을 사랑한다.
㉯ 나는 너를 좋아한다.
ㄴ. ㉮ 선생님은 열심히 공부하는 학생을 사랑하신다.
㉯ 나는 노력하지 않는 사람을 좋아하지 않는다.

2.2.2 이름마디가 부림말이 됨

2.2.2.1 '-음'이름마디가 부림말이 됨

(13) ㄱ. 우리가 감사함을 넘치게 하소서.
ㄴ. 그들은 우리가 쫓아감을 보고 달아났다.
ㄷ. 영희는 철수가 좋아함을 싫어하여 비아냥거렸다.

(13ㄱ~ㄷ)은 '-음'이름마디가 부림말이 된 보기인데, '-음'이름마

디가 부림말이 되는 경우는 교육움직씨, 얕봄움직씨, 추방움직씨, 그림움직씨, 속박움직씨, 서약움직씨 중 일부, 위로움직씨, 포획움직씨, 감정움직씨, 감각움직씨, 인지움직씨, 생각움직씨 중 일부, 의지움직씨, 담화움직씨, 기원움직씨, 찬동움직씨, 참음움직씨, 변화움직씨, '－하다' 따위일 때이다.

2.2.2.2 '－기'이름마디가 부림말이 됨

이름마디 중 부림말이 되는 것은 '－기'이름마디가 주종을 이룬다.

(14) ㄱ. 복이 가득하기를 기다리나이다.

ㄴ. 너희는 그가 오기를 기대하라.

ㄷ. 우리가 잘 되게 하시기를 원합니다.

ㄹ. 그는 공부하기 원하여 서울에 왔다.

2.2.2.3 '－는/을＋매인이름씨(통어적 이름마디)'가 부림말이 됨

(15) ㄱ. 어머니는 아들이 노는 것을 싫어하신다.

ㄴ. 나는 네가 언제 갔는 지를 모른다.

2.2.3 월이 부림말이 됨

(16) ㄱ. 그는 (그가) 어떻게 할까를 몰라 쩔쩔 매었다.

ㄴ. 철수는 그가 누구인가를 묻고 있었다.

(16ㄱ~ㄴ)에서 보듯이 월이 부림말이 될 때는 물음월일 때이다.

2.2.4 어떤 말을 특히 부림자리에 서게 함

(17) ㄱ. 네가 어찌 '외솔'을 모르느냐?

ㄴ. 그는 '삼강'을 알지 못했다.

ㄷ. 그는 '낫 놓고 기역 자'를 모른다.

2.2.5 이중 부림말 문제

우리말의 부림자리토씨는 본래 '선정'의 뜻을 가지고 있다. 따라서 '에게/한테'가 오는 위치말에나 '에'가 오는 위치말을 특히 선정하여 말할 필요가 있을 때, 부림자리토씨를 써서 그들 위치말을 선정말로 만든다. 따라서 이중 부림말이 쓰였다고 하여 그 월을 겹월로 보는 것은 잘못이다.

(18) ㄱ. ㉮ 아버지는 나에게 돈을 맡기셨다.

㉯ 아버지는 나를 돈을 맡기셨다.

ㄴ. ㉮ 철수는 학교에 다닌다.

㉯ 철수는 학교를 다닌다.

(18ㄱ~ㄴ) ㉯의 부림말은 ㉮의 위치말을 특히 선정하여 한 말이다. 따라서 우리말은 본래 이중부림말을 쓰는 말이다.

(19) ㄱ. 나는 고기를 만 원어치를 샀다.

ㄴ. 너는 고기를 얼마어치를 샀나?

(19ㄱ~ㄴ)과 같은 월은 본래부터 우리 민족이 쓰는 월의 짜임새이므로, 이를 겹월로 보아서는 아니 된다.

2.3 위치말

2.3.1 낱말과 이은말이 위치말이 됨

(20) ㄱ. 철수는 서울에 산다.

ㄴ. 그는 오늘 학교에서 공부한다.

ㄷ. 영희는 따뜻한 남국에서 살고 있다.

ㄹ. 나는 그리운 선생님에게 편지하였다.

2.3.2 이름마디가 위치말이 됨

2.3.2.1 '-음'이름마디가 위치말이 됨

위의 마디에 와서 위치말을 만드는 위치자리토씨는 '에', '에서'에 한한다.

(21) ㄱ. 우리가 일을 처리함에 있어서, 우리는 깊이 생각하였다.

ㄴ. 하나님이 진노하심에서 조언을 얻을 것이요, …

ㄷ. 이 싸움은 우리가 그 경기에서 이김에서 비롯되었다.

ㄹ. 그는 공부함에 의하여 성공하였다.

ㅁ. 우리는 그가 함구함에 대하여 궁금하게 생각하고 있다.

(21ㄱ~ㅁ)에서 보는 바대로 '-음'이름마디를 위치말로 취하는 움직씨에는 '있다, 비롯하다, 의하다, 대하다, 관하다, …'등 상대움직씨, 성취움직씨, 시발움직씨, 의지움직씨, 취득움직씨, 등일 때임을 알 수 있다.

2.3.2.2 '-기'이름마디가 위치말이 됨

위의 마디에 오는 위치자리토씨에는 '에'가 있다.

(22) ㄱ. 그는 훌륭한 사람이 되기에 이르렀다.

ㄴ. 사람은 공부하기에 따라, 직업이 결정된다.

ㄷ. 그들은 탈출하기에 이르러, 죽음을 각오하였다.

ㄹ. 그는 선택의 폭을 넓히기에 신경을 썼다.

ㅁ. 그는 공부하기에 바쁘다(여념이 없다).

(22ㄱ~ㅁ)에서 보듯이 '-기'이름마디를 위치말로 취하는 풀이씨에는 움직씨 '되다, 따르다, 이르다, 산다, 관하다, …'등을 비롯하여 그림씨 중 평가그림씨, 감각그림씨 등이 있다.

2.3.2.3 '-는/을+매인이름씨(통어적 이름마디)+에(에서)'가 위치말이 됨

(23) ㄱ. 나는 미국 학생들이 공부하는 것에 놀랐다.
ㄴ. 그가 어디에 있는 지에 대하여 아는 바가 없다.
ㄷ. 내가 들은 바에 따라서 판단하면 그는 착한 학생이다.

이때의 매인이름씨에는 '것, 지, 바' 등에 한하는 듯하다.

2.3.3 월이 위치말이 됨

이때의 월에 오는 토씨에는 '에'가 있다.

(24) ㄱ. 철수가 잘 되는 길은 그가 이번 입시에 걸리느냐 떨어지느냐에 달려 있다.
ㄴ. 학생은 공부를 잘 하고 못하고에 따라 진학이 결정된다.
ㄷ. 그의 성공 여부는 그가 공부하는가 안 하는가에 달려 있다.
ㄹ. 그의 출세는 그가 일을 잘 하는데에 달려 있다.

(24ㄱ)은 물음월에 '에'가 와 있고, (24ㄴ)은 씨끝 '-고'에 '에'가 와서 위치말이 된 보기이다. 월이 위치말이 될 때는, 대개 위와 같은 월일 때 가능한 것 같다.

2.4 연유말

2.4.1 낱말과 이은말이 연유말이 됨

(25) ㄱ. 그들은 칼로 연필을 깎는다.

ㄴ. 영희는 감기로 결석하였다.

ㄷ. 우리나라는 아름다운 강산으로 유명하다.

ㄹ. 나는 간곡한 말로 그에게 부탁하였다.

2.4.2 이름마디가 연유말이 됨

2.4.2.1 '-음'이름마디가 연유말이 됨

(26) ㄱ. 그들은 노력함으로써 성공하였다.

ㄴ. 불빛이 비춤으로 잃었던 시계를 찾았다.

ㄷ. 날이 밝음으로 우리는 외출을 하였다.

(26ㄱ~ㄷ)에서 보면, 움직씨의 '-음'이름마디는 '가지고, 때문'의 두 가지 뜻으로 이해되고, 그림씨의 '-음'이름마디는 주로 '때문'의 뜻으로 이해된다.

2.4.2.2 '-기'이름마디가 연유말이 됨

(27) ㄱ. 우리는 여기서 기다리기로 결정하였다.

ㄴ. 비가 오기로 집에 있었다.

ㄷ. 공기가 차기로 감기에 걸릴까 조심하였다.

(27ㄱ~ㄷ)에서 보면 움직씨의 '-기'이름마디는 '가지고', '때문'의 뜻으로 쓰이고, 그림씨의 '-기'이름마디는 '때문'의 뜻으로만 쓰임을

알 수 있다.

2.4.2.3 '-는/을+매인이름씨(통어적 이름마디)'가 연유말이 됨

(28) ㄱ. 그는 이번에는 일이 잘 되는 것으로 생각하였다.
ㄴ. 철수는 영희가 법과대학생인 줄로 알았다.
ㄷ. 네가 아는 바로 그는 착하다.

(28ㄱ~ㄷ)에서 보면, 이때의 연유말은 '형편', '가지고'의 뜻으로 이해된다. '듯, 대로, 체' 등은 위치말로 쓰일 수 없다.

2.4.3 월이 연유말이 됨

(29) ㄱ. 그들은 어디로 여행하느냐로 토론이 한창이다.
ㄴ. 그들은 가는가 가지 않는가로 양분되어 있다.

(29ㄱ~ㄷ)에 따르면, 이때의 월은 '-느냐', '-는가'로 끝나는 물음월임을 알 수 있다. 그리고 이때의 연유말의 뜻은 '가지고'로 이해된다.

2.5 방향말

방향말은 낱말과 이은말만이 될 수 있고, 마디나 월은 방향말이 되지 못하는 것이 특징이다.

(30) ㄱ. 철수는 서울로 갔다.
ㄴ. 영희는 살기가 좋다는 곳으로 떠났다.
ㄷ. 그는 그리던 고향으로 떠났다.
ㄹ. 그들은 고향을 떠나, 희망찬 신천지로 나아갔다.

(30ㄱ)은 낱말 방향말의 보기요, (30ㄴ)은 '매김마디+방향말'의 꼴

로 된 보기이며, (30ㄷ,ㄹ)은 '매김말+방향말'의 꼴로 된 보기이다. 방향말은 대개 이런 식으로 됨이 일반적이다.

2.6 견줌말

2.6.1 낱말과 이은말이 견줌말이 됨

2.6.1.1 '임자씨(이은말)+과/와+견줌그림씨'일 때 견줌말이 됨

(31) ㄱ. 도라지는 더덕과 비슷하다.
ㄴ. 한치는 오징어와 아주 흡사하다.
ㄷ. 영희는 공부 잘 하는 민희와 꼭 같이 생겼다.
ㄹ. 민희는 아름다운 꽃과 같다.

2.6.1.2 '낱말(이은말)+만큼(같이/처럼/보다)'가 견줌말이 됨

(32) ㄱ. 철수는 키가 큰 영수만큼 일을 잘 한다.
ㄴ. 영희는 자기 아버지처럼 생겼다.
ㄷ. 희수는 그의 아버지같이 잘 생겼다.
ㄹ. 그의 모습은 갓 핀 국화같이 예쁘다.
ㅁ. 너는 마음씨가 향기로운 꽃보다 더 아름답다.

이때의 풀이말은 움직씨나 견줌의 뜻을 나타내는 그림씨가 된다.

2.6.2 이름마디가 견줌말이 됨

2.6.2.1 '-음'이름마디가 견줌말이 됨

(33) ㄱ. 우리는 일함보다 놀기를 더 좋아한다.
ㄴ. 그들의 일함이 우리가 일함보다 갑절이나 많이 하였다.
ㄷ. 너희는 우리가 일함과 같이 하여라.

ㄹ. 영희의 착함이 영수가 착함만 같으냐?

ㅁ. 금강산의 아름다움이 장가계가 기이함과 무엇이 다르랴?

ㅂ. 너의 착함이 영희가 착함과 같을쏘냐?

이때의 견줌토씨는 '과', '보다'만이 쓰인다.

2.6.2.2 '-기'이름마디가 견줌말이 됨

(34) ㄱ. 우리는 일하기보다 놀기를 좋아한다.

ㄴ. 일하기는 놀기와 같지 못하다.

이때의 견줌토씨는 '와', '보다'만이 쓰인다.

2.7 함께말

낱말과 이은말은 물론 '매김말(마디)+이름씨'에 함께자리토씨 '과/와', '하고'가 와서 함께말이 되는데, 이때의 풀이말은 이동움직씨, 행동움직씨, 거주움직씨 등이 된다.

(35) ㄱ. 철수는 아버지하고 산다.

ㄴ. 너는 나와 함께 가자.

ㄷ. 그는 매일 그의 아우와 같이 일한다.

ㄹ. 철이는 언제나 그가 좋아하는 언니와 학교에 간다.

2.8 매김말

2.8.1 매김씨가 매김말이 됨

(36) ㄱ. 이 학생은 착하다.

ㄴ. 새 옷을 입은 학생이 부지런하다.

ㄷ. 헌 책을 버리지 말자.

2.8.2 풀이씨의 매김법이 매김말이 됨

(37) ㄱ. 가는 세월을 누가 잡을손가?

ㄴ. 아름다운 강산에 무궁화가 피었다.

ㄷ. 열심히 공부하는 학생이 성공한다.

ㄹ. 일꾼인 철이가 고시에 합격하였다.

2.8.3 매김씨와 풀이씨의 매김법이 동시에 매김말이 됨(이때는 매김이은말이 됨)

(38) ㄱ. 이 착한 학생이 일등을 하였다.

ㄴ. 공부 잘하는 저 학생이 김 선생의 아들이다.

ㄷ. 농부인 저 사람이 착한 일만 한다.

ㄹ. 많은 헌 옷이 모였다.

2.8.4 가리킴매김씨와 그림매김씨, 가리킴매김씨와 셈씨가 동시에 매김말이 됨

(39) ㄱ. 이 새 옷이 누구의 것이냐?

ㄴ. 저 헌 종이를 모아서 공장으로 보내자.

ㄷ. 이 세 학생이 대학에 합격하였다.

2.8.5 낱말, 이은말, 월 '매김마디 + 매인이름씨(통어적 이름마디)'에 매김자리토씨가 와서 매김말이 됨

(40) ㄱ. 나의 친구가 착하다.

ㄴ. 그리운 나의 고향은 살기가 좋다.

ㄷ. 관리 사회에 있어서는, 그 정보가 '관헌에게 확인되었는가, 부인되었는가?'가 '그 정보를 신뢰할 수 있는가, 그저 사라질 뜬 소문인가?'의 분기점이기도 하다.

ㄹ. 우리가 가고 안 가고의 문제가 아니라 어떻게 하느냐가 문제이다.
ㅁ. 죽느냐 사느냐의 갈림길에서 우리는 일대 용단을 내리지 않을 수가 없었다.
ㅂ. 내가 처리하여야 할 것의 종류를 말하여라.

2.8.6 '-음'이름마디와 '-기'이름마디가 매김말이 됨

(41) ㄱ. 너는 여기서 살기의 어려움을 겪는 것보다 차라리 이사가는 편이 낫다.
ㄴ. 우리는 공부함의 기쁨보다 사람됨의 기쁨이 더 크다.

(41ㄱ,ㄴ)과 같이 이름마디에 '의'가 와서 매김말이 되는 경우는 드문 듯하다.

2.8.7 '임자씨+토씨+의'가 매김말이 됨

(42) ㄱ. 그는 선생으로서의 자질이 전혀 없다.
ㄴ. 철수는 친구로부터의 편지를 받고 기뻐하였다.
ㄷ. 그는 미국에서의 생활에 진절머리를 내었다.
ㄹ. 여기서 저기까지의 땅이 우리 학교 땅이다.

(42ㄱ~ㄹ)과 같은 매김말은 흔하게 쓰이고 있다.

2.8.8 셈씨와 임자씨가 그대로 매김말이 됨

(43) ㄱ. 한 잔, 두 잔 마시니 취한다.
ㄴ. 순금 가락지를 낀 그는 숙녀이다.
ㄷ. 제주도 한라산은 아름답다.
ㄹ. 어린이 교육을 잘 하여야 한다.
ㅁ. 이것이 누구 책이냐?

ㅂ. 서울 아들로부터 편지가 왔다.

ㅅ. 백이면 백 사람이 다 그를 칭찬하였다.

2.9 어찌말

2.9.1 어찌씨가 혼자 또는 토씨를 취하여 어찌말이 됨

(44) ㄱ. 그는 잘(도) 달린다.

ㄴ. 철수는 어슬렁어슬렁 걸어 갔다.

ㄷ. 영희는 조금(도) 놀지 않는다.

2.9.2 어찌법으로 끝바꿈한 풀이씨가 어찌말이 됨

이때는 어찌마디가 되어 어찌말이 되기도 한다.

(45) ㄱ. 진달래가 아름답게 피었다.

ㄴ. 혀가 닳도록 타일렀다.

ㄷ. 비가 올듯이 날이 흐린다.

ㄹ. 그는 돈도 없이 여행을 떠났다.

2.9.3 '같다, 다르다'가 '같이, 달리'로 되어 어찌말이 됨

이때는 견줌이은말, 또는 마디가 어찌말의 구실을 하는 경우이다.

(46) ㄱ. 영희의 얼굴은 눈과 같이 희다.

ㄴ. 철이는 그의 아버지와 달리 착하다.

ㄷ. 그는 그의 아버지보다 달리 일을 잘 한다.

2.9.4 특수토씨 '시피'가 쓰인 마디가 어찌말이 됨

(47) ㄱ. 너도 알다시피 그는 착하다.

ㄴ. 네가 보다시피 밖에는 비가 오고 있다.

2.9.5 '아주, 천성' 등이 '이다'를 꾸미는 어찌말이 됨[1)]

(48) ㄱ. 너는 아주 바보야.

ㄴ. 그는 천성 그의 아버지이다.

2.9.6 정도어찌씨는 다른 어찌씨나 매김씨를 꾸밈

(49) ㄱ. 너는 더 많이 공부하여라.

ㄴ. 아주 새 옷을 주세요.

ㄷ. 너는 더욱 잘 자라야 한다.

2.10 홀로말

홀로말에는 부름말, 보임말, 느낌말 등이 있다.

2.10.1 부름말이 홀로말이 됨

이때는 이름씨나 대이름씨가 단독으로 또는 부름자리토씨를 더하여 홀로말이 된다.

(52) ㄱ. ㉮ 아버지, 어디 가십니까?

㉯ 철수야, 어서 오너라

ㄴ. ㉮ 선생님, 눈이 옵니다.

㉯ 임이여, 어디로 가셨나요?

ㄷ. ㉮ 얘들아, 거기는 가지 말라.

㉯ 영희야, 내 말을 좀 들어 다오.

---

1) 허웅(1983), 『국어학』, 샘문화사, 256쪽 참조.

부름말이 홀로말이 될 때는, 짐승을 부르는 말도 홀로말이 된다.

2.10.2 보임말이 홀로말이 됨

이때는 이름씨나 이름씨처럼 다루어지는 말이 보임말이 된다.

(53) ㄱ. ㉮ 돈, 돈이 제일이다. (이름씨)

㉯ 사람, 사람이 중요하다. (이름씨)

ㄴ. ㉮ 가다, 이것은 제움직씨이다. (이름씨처럼 다루어진 말)

㉯ 싫어하다, 이것은 매인움직씨이다. (이름씨처럼 다루어진 말)

2.10.3 느낌씨가 홀로말이 됨

(54) ㄱ. 아, 달도 밝구나!

ㄴ. 아이구, 피곤하구나!

ㄷ. 휴우, 좀 쉬어 가자.

4장 겹월

1. 마디 안은겹월
2. 이음마디 겹월
3. 섞임월
4. 작은월

4장 겹월

겹월에는 마디 안은겹월과 이음씨끝에 의한 겹월의 두 가지 종류가 있는데 다시 순수 이은겹월과 이음겹월이 마디를 안는 겹월의 두 가지로 나누어진다.

1. 마디 안은겹월

이에는 이름마디 안은겹월, 매김마디 안은겹월, 어찌마디 안은겹월, 풀이마디 안은겹월, 따옴마디 안은겹월, 월을 안은겹월 등의 여섯 가지가 있다.

1.1 이름마디 안은겹월

1.1.1 '-기'이름마디

(1) ㄱ. 가령 빠른 성장에도 불구하고 목질이 튼튼해서 가구나 악기를 만들기 용이해서라든가… (움직씨)

ㄴ. 오동나무의 나무결은 성글기는 하지만 그러나 생각이 깊고 정이 가는 무늬이다. (그림씨)

ㄷ. 소목장은 오동나무의 희고 푸른 단점을 보완하기 위해서 볏집으로 수차례 문지른다고 한다. (움직씨)

ㄹ. 그는 언제나 우등생이기 마련이다. (잡음씨)

1.1.2 '-음'이름마디

(2) ㄱ. 그가 나를 시기함이 한두번이 아니다. (움직씨)

ㄴ. 이 꽃의 향기로움을 누가 알리오. (그림씨)

ㄷ. 저분이 아인슈타인임이 분명하다. (잡음씨)

1.1.3 '-는 것/-은 것/-을 것'으로 만들어지는 이름마디

(3) ㄱ. 옛 선비들이 오동나무를 유독 선호했던 것은 그만큼 장점이 있었기 때문일 것이다.

ㄴ. 그 나무로 만들어진 장롱이나 찬장이 한결 돋보이는 것도 그 때문이리라.

ㄷ. 이렇듯 오동나무는 죽어서도 다시 태어나 한 몫을 하는 것이다.

ㄹ. 우리는 그가 다시 돌아올 것을 의심하지 않는다.

ㅁ. 철수는 그가 일단 마음먹은 것은 꼭 실행하고 말았다.

ㅂ. 지금은 젊은이들의 직장이 점점 없어져 가고 있는 것이다.

ㅅ. 그 일에 대하여 내가 잊고 있었던 것이다.

ㅇ. 그는 영희를 믿고 있는 것이다.

이름마디 안은겹월의 말본 구실은 위의 (1), (2), (3)에서 본 바와 같이 임자말·부림말·풀이말·매김말 등 여러 가지 월조각이 될 수 있다.

1.2 매김마디 안은겹월

마디를 이루는 풀이말이 매김법으로 되는 마디를 매김마디라 하고 이것을 안은 겹월을 매김마디 안은겹월이라고 한다.

(4) ㄱ. 나는 철수가 착한 학생임을 뒤늦게 알게 되었다.

ㄴ. 아무튼 그 이유가 무엇이든 간에 모두가 풍류를 아는 선비정신에 어긋나지 않음을 알 수가 있다.

ㄷ. 오동나무의 나무결은 성글기는 하지만 그러나 생각이 깊고 정이 가는 무늬이다.

ㄹ. 싱그러운 봄날 아침, 단잠을 깨우는 소리로 다가오는 물결의 어우러짐… 그것은 오동나무가 일생동안 살아온 삶의 흔적이 아니고 무엇이랴.

ㅁ. 잔잔하게 여울져 오는 모양은 안식이요, 파도처럼 출렁이는 모양은 분노요, 연이어 겹친 곡선의 모양은 그 오랜 세월을 두고 감추어 온 복잡한 감정의 표현이 아닐 수 없다.

ㅂ. 달무리 이즈러진 가을밤이나 추운 겨울날 잠결에 들었던 기러기 소리를 재생해 내는 것이다.

ㅅ. 오동나무로 만들어진 악기는 대금이나 해금, 아쟁과 더불어 합주를 할 때면 봉황이 날개를 치듯이 하니 결코 예사로운 소리가 아님을 알 수가 있다.

ㅇ. 명종 15년 영천 군수 심의검이 관아에 심어져 있는 오래 묵은 오동나무를 베었다가 매우 무식한 소치라 하여 파직을 당하였는가 하면 김달재라는 고을 현감이 상부에 보고도 하지 않고 임의로 오동나무를 베었다가 화를 입었다는 기록이 있다.

위의 예에서 보면 매김마디 안은겹월은 부림말, 위치말, 풀이말(이름씨+이다), 매김말 등을 꾸미고 있다.

1.3 어찌마디 안은겹월

어찌마디는 그 풀이말의 씨끝이 '-듯(이)', '-게/게끔/게시리', '-도록', '-을수록(에)', '-이' '-니까', '-래' 기타로 되어 다음 말을 꾸민다.

(5) ㄱ. 마치 가벼운 깃털이 바람에 날리듯이 유연해서 잔잔한 호수의 파문을 예상케 한다.

ㄴ. 더구나, 대금이나 해금, 아쟁과 더불어 합주를 할 때면 봉황이 날개를 치듯이 하니 결코 예사로운 소리가 아님을 알 수가 있다.

ㄷ. 그는 말없이 밖으로 나갔다.

ㄹ. 뚝새풀은 질기기로 유명하다. 마른 땅이나 습지에서는 잘 자라지 않지만 습기만 적당하면 무성하게 자란다.

ㅁ. 철수는 재빠르게 나를 따라왔다.

ㅂ. 어머니는 아들이 대학 입시에 합격하게끔(시리) 정성을 다하였다.

ㅅ. 동해물과 백두산이 마르고 닳도록 하느님이 보우하사 우리 나라 만세.

ㅇ. 비가 올수록 풍년이 든다.

ㅈ. 비가 오니까 어서 집으로 가자.

ㅊ. 나도 몰래 사랑을 느끼며 만났던 그 사람.

1.4 풀이마디 안은겹월

이 겹월은 이름마디나 월을 풀이마디로 가진다.

(6) ㄱ. 그 밖에도 많은 시들이 이러한 분위기를 차용하고 있음도 간과

할 수 없을 것이다.

ㄴ. 오동나무를 유독 선호했던 것은 그만큼 장점이 있었기 때문일 것이다.

ㄷ. 나의 소원은 네가 잘 되기이다.

ㄹ. 이와 같은 과정이 내가 살아감이다.

ㅁ. 가을은 하늘이 높다.

ㅂ. 문제는 우리가 이기느냐 지느냐이다.

ㅅ. 내가 주의 큰 복을 받는 참된 비결은 주의 영이 함께 함이라.

1.5 따옴마디 안은겹월

(7) ㄱ. 그는 자주 서울에 간다고 하였다.

ㄴ. "설국에서는 눈이 자주 온다"고 그는 말하였다.

ㄷ. 그는 "봄에 이렇게 눈이 많이 오는 것은 기적이다"라고 하였다.

ㄹ. 먼저 '소설가 김동리 상'이란 이름의 흉상을 보니 마치 선생이 우리를 반가이 마중하는 듯한데 그 뒷벽에는 "동리 문학은 나귀이다. 모든 것이 죽고 난 뒤에 찾아오는 나귀이다"라는 글귀가 눈에 띈다.

ㅁ. "불러 계시오니까". "오냐, 불렀다"1)

위의 (7ㄱ~ㄹ)은 안긴 따옴말(따옴마디)이요, (7ㅁ)은 홀로따옴말이다. 따옴마디는 어찌마디가 되기도 하고 ㄹ에서와 같이 매김마디의 구실을 하기도 한다.

1.6 월을 안은 안은겹월

(8) ㄱ. 우리가 이기느냐 지느냐의 문제보다 먼저 하여야 할 일이 있다. (매김마디)

---

1) 허웅(1999), 『20세기 우리말의 통어론』, 샘문화사, 775쪽 참조.

ㄴ. 오늘은 우리가 무엇을 하여야 하느냐에 대하여 토의하여야 한다. (위치마디)

ㄷ. 우리 중에서 누가 키가 큰가 크지 않은가 보다, 누가 머리가 좋은가 안 좋은가가 중요한 문제이다. (견줌마디, 임자마디)

ㄹ. 우리는 누가 그곳에 가야 하느냐를 정해야 한다. (부림마디)

ㅁ. 내가 지적한 대로 앞으로의 일이 어떻게 전개될 것인가를 신경을 곤두세우고 있다. (매김마디, 부림마디)

ㅂ. 네가 알다시피 그는 성실하지 못하다. (어찌마디)

ㅅ. 그는 누워서 떡 먹듯이 말을 쉽게 한다. (어찌마디)

2. 이음마디 겹월

이음마디는 이음씨끝에 의하여 만들어지나, 특수토씨 '시피, 마는'에 의하여 만들어지기도 한다.

2.1 이음씨끝의 통어적 관계에 따른 갈래

이음씨끝이 그 뒤의 맺음마디의 결과를 초래하는데 반드시 딸려야 하는 것과 서로 대등한 관계를 나타내는 것의 두 가지가 있다. 후자에는 벌임씨끝에 의한 벌임월이 있고 그 나머지는 모두 전자에 속한다. 지은이는 의향법에 의한 월을 서술월, 물음월, 행위요구월이라 하였듯이 이음씨끝에 의한 겹월도 이음씨끝의 뜻에 중점을 두어 다음과 같이 나누고자 한다.

이를 표로 나타내면 다음과 같다.

(9) ㄱ. 딸림(종속)

: 조건월, 인과관계월, 양보월, 풀이월, 견줌월, 선택월, 더보탬월, 어찌월, 뜻함월, 추정월, 중단월, 잇달음월 등이 있다.

ㄴ. 맞섬(대등): 벌임월

2.1.1 딸림에 따른 마디이음월

2.1.1.1 조건월

1) 조건월의 종류

이 월은 가정씨끝과 끝남씨끝으로 이루어진다.

① 가정씨끝: -으면(라면), -을것같으면, -기만-면, -을라치면, -거든, -다가는, -을진대, -(던)들, -되

② 끝남씨끝: -어야/아야, -라야/러야, -어야만/아야만, -어야지/아야지

2) 조건월의 의미

① 가정씨끝의 의미

가. -으면(라면), -거든
'-면'은 가정을 나타내고 '-거든'은 조건의 뜻을 나타낸다.

(10) ㄱ. ㉮ 내가 새라면, 하늘을 날아갈텐데.
㉯ ?내가 새거든, 하늘을 날텐데.
ㄴ. ㉮ 봄이 오면, 꽃이 핀다.
㉯ 봄이 오거든, 밭을 갈아라.
ㄷ. ㉮ 돈이 생겼더라면, 집을 샀을텐데.
㉯ 돈이 생겼거든, 논을 사자.
㉰ 돈이 생기거든 논을 사겠다.

나. －을것같으면

이것은 올적의 조건이나 경험적 조건을 나타낸다.

(11) ㄱ. 그가 올것같으면, 이것을 주자(주어라).
ㄴ. 네가 이것을 가질것같으면, 너에게 주겠다.
ㄷ. 비가 올것같으면, 우리는 늘 집에서 시간을 보냈다.
ㄹ. 어려서, 외가에 갈것같으면, 외할머니는 나에게 참외를 주셨다.

다. －기만－면, －을라치면

전자는 '무슨 일이 되기만 하면'의 뜻이므로 필연적 조건을 나타내고, 후자는 관습적 일을 조건으로 내세울 때 쓰인다.

(12) ㄱ. 비가 오기만 오면, 이곳은 홍수로 난리를 겪었다.
ㄴ. 그는 서울에 가기만 하면, 돈을 많이 벌어 온다.
ㄷ. 눈이 올라치면, 우리는 언제나 토끼 모리로 갔다.

'－기만－면'은 (12ㄱ,ㄴ)에서처럼 '오기만 오면', '가기만 가면'의 꼴로 쓰이나 '오기만 하면', '가기만 하면'의 꼴로도 쓰인다.

라. －다가는

이것은 이적으로 아니면 '－았다가는'의 꼴로만 쓰이어, 위협이나 금지의 뜻을 나타낼 때의 조건을 나타낸다.

(13) ㄱ. 너는 이리 가다가는 깡패를 만난다.
ㄴ. 그는 저리 갔다가는 큰일을 당할 것이다.
ㄷ. 나는 이것을 먹다가는 혼나겠지?

마. －을진대

이것은 앞으로 어떤 일이 일어날 것을 조건으로 내세울 때 쓰인다.

(14) ㄱ. 그가 올진대, 이 문제는 해결될거야.
ㄴ. 비가 올진대, 아무 걱정이 없겠다.

바. -(던)들

지난적의 어떤 행위를 조건으로 하되, 뒷마디에서는 가정으로 되어야 한다.

(15) ㄱ. 내가 갔던들, 그를 도울 수 있었을텐데.
ㄴ. 비가 왔던들, 풍년이 들었을 터인데.
ㄷ. 네가 선생이었던들, 이 문제는 생기지 않았을 것이다.

사. -되

맺음마디에 협박, 금지, 부정, 시킴의 뜻을 요하는 조건씨끝이다.

(18) ㄱ. 지금은 참되, 가만 두지 않겠다.
ㄴ. 술은 있되, 안주가 없다.
ㄷ. 너는 여기 있되, 안심하지 말아라.

② 끝남씨끝의 의미

가. -아야/어야, -라야/러야

'-아야/어야'는 움직씨, 그림씨에 오고, '-라야'는 '이다/아니다'에, '-라야/러야'는 르·러벗어난풀이씨에 온다.

(16) ㄱ. 너는 연구하여야, 이 문제가 풀린다.
ㄴ. 그는 공부를 하여야, 취직이 된다.
ㄷ. 이것이 보물이라야, 내가 살아갈 수 있다.
ㄹ. 산이 푸르러야, 나라가 잘 산다.

(16ㄱ~ㄹ)에서 보면, 이들 씨끝은 마땅함을 조건으로 내세우는 뜻

의 씨끝이다.

나. -아야만/어야만, -아야지/어야지

전자는 유일마땅조건을 나타내고, 후자는 확정적 마땅조건을 나타낸다.

(17) ㄱ. 너는 공부하여야만, 판사가 된다.
ㄴ. 이것이 보물이라야만, 형편이 펴인다.
ㄷ. 산이 푸르러야지, 나라가 잘 산다.
ㄹ. 내가 가야지, 그를 도와 줄 수 있다.

2) 조건월의 의향법에 의한 의미

조건월이란 앞마디의 내용이 뒷마디의 내용의 실현에 대한 조건으로서 앞마디와 뒷마디가 이어진 관계의 월을 말한다. 따라서, 조건월의 의미는 조건마디와 뒷마디와의 관계에 따라 파악된다.

① 가정씨끝이 의향법에 의한 의미

가. -으면

이의 뜻은 가정을 나타내는데, 이와 관련되어 나타내는 뒷마디의 뜻은 단언, 요청, 의지, 협박, 부정, 아쉬움, 금지, 시킴, 물음, 약속, 격려 등이다.

(19) ㄱ. 비가 오면, 생각나는 사람이 있다. (단언)
ㄴ. 남의 밑에서 일하자면 힘든 것도 참아야 한다. (요청)
ㄷ. 꽃이 피면, 고향으로 가겠다. (의지)
ㄹ. 자꾸 떠들면, 가만히 두지 않는다. (협박)
ㅁ. 내가 그랬으면, 네 아들이다. (부정)
ㅂ. 네가 왔더라면, 우리가 이겼을 텐데. (아쉬움)

ㅅ. 자꾸 떠들면, 공부가 되겠느냐? (금지)
ㅇ. 몸이 좋지 않으면, 집에 있거라. (시킴)
ㅈ. 천만 금이 생기면, 뭘 하겠니? (물음)
ㅊ. 일등을 하면, 상을 내리겠다. (약속)
ㅋ. 너희들 사랑의 힘이면, 이길 수 있단다. (격려)
ㅌ. 네가 우등생이었다면, 후한 상을 내렸지. (아쉬움)

(19ㅌ)에서 보면 '-이라면'에 '-(이)었'이 오면 '-라면'은 '-다면'이 됨을 알 수 있다.

나. -을것같으면

이것은 올적의 조건이나 경험적 조건의 뜻을 나타내는데, 이 마디에 이끌리는 뒷마디의 뜻은 규칙적 사실, 약속, 의지, 단언, 물음, 요청, 시킴, 꾀임, 협박(경고) 등을 나타낸다.

(20) ㄱ. 순경을 볼것같으면, 모두들 긴장을 한다. (규칙적 사실)
ㄴ. 일등을 할것같으면, 상을 주겠다. (약속)
ㄷ. 봄이 올것같으면, 임 생각이 난다. (단언)
ㄹ. 나를 좋아할것같으면, 놀다 가마. (약속)
ㅁ. 비가 올것같으면, 집에서 쉬련다. (의지)
ㅂ. 그가 올것같으면, 같이 가 볼래? (물음)
ㅅ. 밤이 될것같으면, 도둑을 조심하여야 한다. (요청)
ㅇ. 그가 찾아올것같으면, 같이 학교에 가 보 {아라. (시킴) / 보자. (꾀임)}
ㅈ. 자꾸 떠들것같으면, 벌을 받는다. (협박, 경고)

다. -기만-면

이 씨끝에 이끌리는 뒷마디의 뜻은 비교적 제한되는데, 단언, 금지, 물음, 꾀임, 시킴, 요청, 협박 등을 나타낸다.

(21) ㄱ. 그들은 만나기만 하면, 싸운다. (단언)

ㄴ. 너는 여기서 가기만 하면, 큰일 난다. (금지)

ㄷ. 그를 만나기만 하면, 죽일래? (물음)

ㄹ. 그 도둑을 잡기만 하면, { 죽이자. (꾀임) / 죽여라. (시킴) }

ㅁ. 그를 보기만 하면, 좀 데려와 다오. (요청)

ㅂ. 너는 그들에게 잡히기만 하면, 성치 않을 줄 알아라. (경고)

ㅅ. 자꾸 놀리기만 하면, 놓아 두지 않는다. (협박)

라. -을라치면

이 씨끝이 오는 앞마디와 뒷마디와의 관련에 의하여 나타나는 뜻은 단언, 지난적의 습관적사실 등을 나타내는데 그친다.

(22) ㄱ. 새해가 될라치면, 그는 늘 부모님을 찾아갔다. (습관적사실)

ㄴ. 일요일이 될라치면, 그는 교회 가기가 바쁘다. (습관적사실)

ㄷ. 비가 올라치면, 홍수 걱정이 앞선다. (단언)

이 씨끝에 의한 조건월의 뜻은 비교적 제한되어 있다.

마. -거든

이 씨끝에 이끌리는 뒷마디의 뜻은 의지, 약속, 시킴, 꾀임, 물음, 요청을 나타낸다.

(23) ㄱ. 날이 밝거든, { 가거라. (시킴) / 가자. (꾀임) }

ㄴ. 그가 졸업하거든, 취직을 시켜 주마. (약속)

ㄷ. 비가 오거든, 가지 않으련다. (의지)

ㄹ. 서울 가거든, 그를 만나 볼래? (물음)

ㅁ. 시간이 있거든, 이 기계를 좀 보아 다오. (요청)

ㅂ. 비가 오거든, 집에 있겠다. (의도)

ㅅ. 그를 보거든, 그 일을 알아 보자. (꾀임)

바. -다가는

이 씨끝에 이끌리는 뒷마디는 대개 협박, 금지, 단언, 경고 등의 뜻을 나타낸다.

(24) ㄱ. 너 여기 있다가는, 잡혀 간다. (금지)

ㄴ. 계속 이러다가는, 안 되겠다. (단언)

ㄷ. 계속 놀다가는, 재미없다. (협박, 경고)

ㄹ. 까불다가는, 맞아 죽을 줄 알어. (협박)

사. -을진대

이 씨끝에 이끌리는 뒷마디의 뜻은 주로 반어형으로 쓰이어 긍정, 부정을 나타내고 달리 서술, 의지, 물음, 의아 등을 나타낸다.

(25) ㄱ. 그가 부자일진대, 돈이 없겠어? (긍정)

ㄴ. 철수가 있을진대, 나는 안 가겠어. (의지)

ㄷ. 비만 알맞게 올진대, 풍년이 든다. (서술)

ㄹ. 내가 여기 살진대, 너도 같이 여기서 살래? (물음)

ㅁ. 그가 사람일진대, 그런 일을 하겠나? (부정, 의아)

아. -(더)ㄴ들

이 씨끝에 이끌리는 뒷마디는 가정적 표현으로 부정이나 서술을 나타낸다.

(26) ㄱ. 비가 왔던들 풍년이 들었을 텐데. (부정)

ㄴ. 아무리 돈이 많았던들, 나에게는 그림의 떡이었을 것이다. (가정)

② 끝남씨끝의 의향법에 의한 의미

씨끝 '－아야/어야, －라야/러야, －아야만/어야만, －아야지/어야지'는 약속, 단언, 서술, 물음, 꾀임, 의지 등의 뜻을 나타낸다.

(27) ㄱ. 나는 밥을 먹어야 일을 한다. (단언)
ㄴ. 네가 공부하여야 돈을 주겠다. (약속, 의지)
ㄷ. 비가 와야만 모를 심겠느냐? (물음)
ㄹ. 비가 와야지 모를 심자. (꾀임)
ㅁ. 일을 하여야 밥을 줄테다. (의지, 추정)
ㅂ. 돈이라야, 문제가 해결된다. (단언, 서술)
ㅅ. 산이 푸르러야, 살기가 좋아진다. (단언)

2.1.1.2 인과관계월

까닭이나 때문을 뜻하는 씨끝 '－므로', '－매', '－기에', '－길래', '－건대', '－니까', '－니', '－은즉', '－아/어', '－아서/어서', '－라서/러서' 등에 의하여 이루어지는 월을 말한다.

1) 인과관계씨끝의 의미

가. －므로
논리적인 까닭을 나타낸다.

(28) ㄱ. 비가 오므로, 집에 있었다.
ㄴ. 각 A는 각 B와 같고, 각 C는 각 B와 같으므로 각 C는 각 A와 같다.

(28ㄴ)에서 보면 '－므로'는 때문보다는 까닭의 뜻으로 쓰이는 씨끝임을 알 수 있다.

나. －매

어떤 사실을 인정하여, 그것을 까닭으로 나타내는 씨끝이다.

(29) ㄱ. 해가 지매, 여관에서 자기로 하였다.
ㄴ. 날이 밝으매, 우리는 출발하였다.

다. －길래, －기에

'－길래'는 풀이말에 따라 첫째가리킴 임자말 제약이 있으나, '－기에'는 그렇지 아니하다. 그리고 '－길래'와 '－기에'는 임자말 제약 이외에는 그 용법이 비슷한 것으로 보인다.

(30) ㄱ. ㉮ 그가 청하기에, 나는 가 보았소.
㉯ 봄날이 하도 좋기에, 꽃구경을 갔었다.
ㄴ. ㉮ 산너머 남촌에는 누가 살길래, 해마다 봄바람이 남으로 오네.
㉯ *내가 가길래, 너도 갔더냐?

라. －건대

주·객관적 사실을 까닭으로 나타내는 씨끝으로 뒷마디는 언제나 서술법으로 나타난다.

(31) ㄱ. 물이 하도 차건대, 배로 건넜다.
ㄴ. 철수가 공부를 너무 잘 하건대, 나는 그 책을 그에게 주었다.

'－건대'는 어떤 면으로 보면, '－기에', '－길래' 등과 흡사한 데가 많다.

마. －니까, －니

이들은 결과의 뜻을 나타내는데, 그것이 뒷마디에 대한 까닭을 나타내는 것으로 이해된다.

(32) ㄱ. 날씨가 추우니까, 사람들이 꼼작도 하지 않는다.
ㄴ. 내가 가니까, 그들은 조용하였다.
ㄷ. 이것이 책이니까, 공부하여라.
ㄹ. 날씨가 더우니, 건강에 조심하여라.
ㅁ. 비가 오니, 홍수에 조심하여라.

바. -은즉

이 씨끝의 뜻은 '-하니 곧'으로 이해되는데 이것이 뒷월에 대한 까닭, 때문의 뜻을 나타낸다.

(33) ㄱ. 비가 온즉, 곡식이 잘 자란다.
ㄴ. 날씨가 가문즉, 논바닥이 갈라진다.

사. -아/어, -아서/어서, -라서/러서

이 씨끝은 어떤 상태가 까닭이나 때문을 나타낸다.

(34) ㄱ. 몸이 아파 집에 있었다.
ㄴ. 비가 와서, 풍년이 되었다.
ㄷ. 그는 학생이라서 매우 정직하다.

2) 인과관계월의 의향법에 의한 의미

가. -므로

이 씨끝에 의한 의향법의 뜻에는 단언, 의도, 약속, 요구, 시킴, 꾀임, 해명, 물음 등을 나타낸다.

(35) ㄱ. 비가 오므로, 집에 있자(있거라). (꾀임, 시킴)
ㄴ. 네가 성실하므로, 나는 너를 채용하마(하겠다). (약속, 의지)
ㄷ. 그는 몸이 좋지 않으므로, 직장에 늦었다. (서술, 사실)
ㄹ. 날이 더우므로, 집에 있어야 한다. (단언)

ㅁ. 돈이 많아야, 재버이라 할 수 있다. (해명)

나. -매

이 씨끝에 의한 의향법의 뜻은 '-므로'의 경우와 같은데 단언, 의지, 약속, 요구, 시킴, 꾀임, 해명, 물음 등을 나타낸다.

(36) ㄱ. 날씨가 추우매, 집에 있었다. (해명, 단언)
ㄴ. 그미가 성실하매, 직원으로 채용하겠다(채용하마). (의지, 약속)
ㄷ. 세상이 위험하매, 밤에는 외출을 삼가라(삼가하자/삼가야 한다). (시킴, 꾀임, 요구)
ㄹ. 날씨가 더우매, 여행 가니? (물음)

다. -기에

이 씨끝에 의한 의향법의 뜻은 단언, 해명, 의지, 약속, 물음 등을 나타낸다.

(37) ㄱ. 그가 성실하기에, 직원으로 채용하기로 하겠다(하마). (의지, 약속)
ㄴ. 비가 많이 오기에, 집에 있었다. (단언)
ㄷ. 뭐하기에, 늘 집에만 있니? (물음)

라. -길래

이 씨끝도 '-기에'와 같으므로 그 뜻에 상당한 제약이 있다.

(38) ㄱ. 저기에는 누가 있길래, 그리도 자주 가니? (물음)
ㄴ. 하도 그가 보채길래, 이 일을 하라고 허락하겠다. (의지)
ㄷ. 그가 하도 성실하길래, 나도 도와 주고자 결심했다. (단언)

(37, 38ㄱ~ㄷ)에서 보면, '-기에'와 '-길래'는 변이형태가 아니라, 서로 다른 씨끝으로 보아야 한다. '-길래'는 '-기에'보다 그 쓰임이

더 제약되고 뜻도 다소 제한된다.

마. -건대

이 씨끝에 의한 월의 뜻은 해명, 물음, 서술 등을 나타낸다.

(39) ㄱ. 거기에 무엇이 있건대, 그리로 가느냐? (물음)

ㄴ. 길이 좋겠대, 이리로 왔더니, 차가 너무 밀린다. (서술, 단언)

ㄷ. 그가 너무 떠들건대, 벌을 주었지. (해명)

'-건대'에 의한 의향법의 뜻은 해명, 물음, 서술(또는 단언)에 한한다.

바. -니까, -니

이에 의한 의향법의 뜻은 비교적 다양하다. 해명, 서술, 꾀임, 시킴, 요구, 물음, 의도, 약속 등을 나타낸다.

(40) ㄱ. 비가 오니까, 집에 있자(있거라 / 있어야 한다). (시킴, 요구)

ㄴ. 공부를 하니까, 이치를 깨닫게 된다. (단언)

ㄷ. 눈이 오니까, 날씨가 포근하지. (해명)

ㄹ. 날씨가 추우니까, 집에 있겠다. (의지)

ㅁ. 걸음을 잘 걷지 못하니까, 집에 있으마. (약속)

ㅂ. 비가 오니까, 집에 있느냐? (물음)

'-니'도 '-니까'와 대개 같은 뜻을 나타낸다.

(41) ㄱ. 산중에 밤이 드니, 온 세상이 캄캄하다. (단언, 서술)

ㄴ. 그는 건망증이 심하니, 모든 일에 조심하여야 한다. (요구)

ㄷ. 그는 건강하니, 많은 일을 시켜라(시키자 / 시켜도 좋다). (시킴, 꾀임, 허락)

ㄹ. 그가 진실하니, 이 돈을 그에게 맡기겠다(맡기마). (의지, 약속)

ㅁ. 봄날이 화창하니, 꽃놀이 가느냐? (물음)

ㅂ. 오라고 하니, 안 갈 수 없지 않나. (긍정해명, 마땅)

사. -은즉

이 씨끝에 의한 의향법의 뜻은 단언, 꾀임, 시킴, 의무, 추측, 의지, 물음 등을 나타낸다.

(42) ㄱ. 물이 깊은즉 건널 수 없다. (단언)
ㄴ. 날씨가 좋은즉 놀러가자(가거라). (꾀임, 시킴)
ㄷ. 그는 연구를 많이 한즉, 큰 업적을 이루겠다. (가능)
ㄹ. 날이 좋은즉, 놀러가겠다(가야한다). (의지, 마땅)
ㅁ. 물이 깊은즉, 건너지 못하겠느냐? (물음, 가능)

2.1.1.3 양보월

가정불구씨끝 '-더라도, -을지라도, -던들, -은들', 양보불구씨끝 '-을망정, -을지언정', 사실불구씨끝 '-지마는, -건마는, -거니와, -아도/어도, -라도/러도, -으나, -으나마, -는데도, -는다마는', 추정불구씨끝 '-으려니와, -으련마는' 등에 의하여 '-함에도 불구하고'의 뜻을 나타내면서, 뒷마디는 앞마디와는 반대가 되는 뜻을 나타내는 월을 양보월이라 한다.[2)]

1) 양보월의 의미

① 가정불구씨끝의 의미

가. -더라도

이 씨끝은 '-더-+-라도'로 된 것인데, 그 뜻은 '어떤 일을 해 보는데도 불구하고'의 뜻으로 이해된다.

---

2) 위의 씨끝에 의한 월을 크게 묶어 불구월이라 하여야 마땅하나, 그 명칭이 어색하므로 '양보월'이라 하였다.

(43) ㄱ. 비가 오더라도, 우리는 일한다.

ㄴ. 너희들이 아무리 떠들더라도, 나는 이 일을 하고야 말 것이다.

ㄷ. 작약이 아무리 아름답더라도, 무궁화에 비하겠느냐?

나. －을지라도

이 씨끝은 '무엇을 할지(이)라도'로 된 것인데, 그 뜻은 '앞으로 무슨 일이 있다 하더라도' 또는 '아무리 －한다 하더라도'로 이해된다.

(44) ㄱ. 배가 고플지라도, 참고 견디겠다.

ㄴ. 전쟁이 날지라도, 내가 할 일은 할 것이다.

ㄷ. 네가 옳을지라도, 참고 견뎌야 한다.

다. －던들

이 씨끝은 '했던들'의 형태로 많이 쓰이는데, '어떤 행위를 하였다고 한들 아무 소용이 없다'는 뜻으로 쓰인다. 뒷마디에서는 물음법 아니면 서술법이 되어서, 앞마디와 정반대의 뜻, 즉 부정을 나타낸다.

(45) ㄱ. 네가 갔던들, 그 일을 해 내었겠느냐?

ㄴ. 내가 여기서 지켰던들, 무슨 소용이 있었겠느냐?

ㄷ. 아무리 네가 옳았던들, 동민들의 칭찬은 듣지 못했을 것이다.

ㄹ. 그가 영웅이었던들, 저 일을 해 내었겠느냐?

라. －은들

움직씨에 오면 지난적이 되고 그림씨에 오면 이적이 되는데, '－은+들'의 형태로 된 것으로, '무엇을 한다 할지라도 어찌'의 뜻인데, 이는 양보와 반문을 겸하여 쓰인다.

(46) ㄱ. 내가 간들 아주 가나?

ㄴ. 네가 아내한테 이긴들, 누가 칭찬하겠느냐?

ㄷ. 그가 아무리 머리가 좋은들, 이 문제를 풀어 낼까?

② 양보불구씨끝의 의미

가. −을망정

이 씨끝은 매김법 '−을'에 매인이름씨 '망정'이 합하여 된 것으로, 양보의 뜻으로 이해됨은 '망정' 때문이다. '무엇을 할 일이 있더라도 개의치 아니하고'의 뜻이다.

(47) ㄱ. 죽을망정, 그 일을 꼭 성취하여야 한다.
ㄴ. 네가 옳을망정, 어른 앞에서 그러면 되겠느냐?
ㄷ. 그가 아무리 부자일망정, 나한테는 그러지 못한다.

나. −을지언정

이것을 '−을+지(매인이름씨)+언정(씨끝)'의 짜임새로 된 것으로 보아진다. '무엇을 헤아리지 아니하고'의 뜻으로 이해된다.

(48) ㄱ. 맞아 죽을지언정, 내 고집대로 할거야.
ㄴ. 비가 올지언정, 너는 일하여라.
ㄷ. 아무리 많은 돈을 줄지언정, 부정과는 타협하지 않겠다.

③ 사실불구씨끝의 의미

가. −지마는

이것은 '−지(씨끝)+마는(토)'의 짜임새로 된 것으로 앞마디에서 무엇을 하나, 뒷마디에서는 그대로 되지 아니함을 알면서 말할 때 쓰이는 양보씨끝이다.

(49) ㄱ. 그가 가지마는, 문제를 해결할까?
ㄴ. 내가 시장이지마는, 저 수해를 어떻게 복구할까?

나. -건마는

이 씨끝은 이미 있는 사실이나 원인을 말하고, 그에 일치되지 아니한 사실을 말하려 할 때, 양보마디에 쓴다.[3)]

(50) ㄱ. 봄은 왔건마는, 심을 땅이 없다.
ㄴ. 이렇게 타이르건마는, 그는 말을 들을 지 의문이다.

다. -거니와

이미 있는 사실을 인정하고, 그보다 한 걸음 더 나아간 사실을 말하려 할 때 쓰는 양보씨끝이다.[4)]

(51) ㄱ. 철수는 입시에 합격하였거니와, 영미는 어떻게 되었지?
ㄴ. 우리는 이곳을 복구하였거니와, 저곳도 복구하여야 한다.
ㄷ. 그는 여기에 있거니와, 영수는 어디에 있나?

라. -아도/어도, -라도/러도

'-아도/어도'는 씨끝 '-아/어'에 토씨 '도'가 붙어서 된 것으로 움직씨와 그림씨의 줄기 다음에 오고, '-라도/러도'는 '-라/러+도'로 된 것으로 '이다' 및 르·러벗어난풀이씨에 쓰이어, 아무리 무엇하는데도 오히려 부족하거나 되지 아니함을 나타내는 양보씨끝이다.

(52) ㄱ. 아무리 보아도, 이것이 무엇인지 알 수 없다.
ㄴ. 아무리 네가 학자이라도, 이 사실에 대해서는 알지 못했을 것이다.

마. -으나

무엇을 하지마는 일이 되지 아니할 것을 미리 인정하고 말할 때 쓰이는 양보씨끝이다.

---

3) 한글학회(1973), 『새한글사전』, 홍자출판사, 53쪽, 「-건마는」조 참조.
4) 위의 사전 「-거니와」조 참조.

(53) ㄱ. 아무리 밥을 먹으나, 시장기가 가시지 않는다.

ㄴ. 네가 아무리 예쁘나, 양귀비에는 미치지 못한다.

바. -으나마

이것은 '-으+남아'로 된 것인데, 본래 '남아>나마'로 바뀐 것으로 '남아'는 '넘다(越)' 또는 '남다(餘)'의 뜻의 움직씨였으나 '부족하다, 미흡하다'의 뜻으로 토씨나 씨끝으로 변한 것인데, 이 '나마' 때문에 '-으나마'가 양보씨끝화한 것이다. 뜻은 '무엇을 하여도 부족하나마(미흡하나마)무엇을 하십시오'의 뜻을 나타낸다.

(54) ㄱ. 보잘것없으나마, 이것을 가져 가십시오.

ㄴ. 부족하나마, 너그러이 보아 주시기 바랍니다.

사. -는데도

이것은 '-는+데(매인이름씨)+도(토씨)'로 된 것으로 '도' 까닭에 양보씨끝이 되었다. 뜻은 '무엇을 하는 위에 더 함에도 불구하고 무엇을 함'의 뜻을 나타낸다.

(55) ㄱ. 내가 그렇게 말리는데도, 그는 기어코 떠나갔다.

ㄴ. 눈이 오는데도, 차를 몰고 떠났다.

아. -는다마는

이것은 '-는다(씨끝)+마는(토씨)'으로 된 것인데, 그 뜻은 무엇을 하나 희망이 없음을 나타낸다.

(56) ㄱ. 오늘도 걷는다마는, 정처없는 이 발길.

ㄴ. 그는 이민을 간다마는, 앞날은 밝지 아니하다.

④ 추정불구씨끝의 의미

가. －으려니와

이것은 '－으려니＋와(토씨)'로 된 것인데, '무엇을 하겠지마는 그러나'의 뜻으로, 올적의 일을 양보하여 나타낸다.

(57) ㄱ. 너는 귀국하려니와 그는 언제 귀국할까?
ㄴ. 그가 오려니와, 무엇을 도와 줄까?

나. －으련마는

이것은 '－으련＋마는(토씨)'으로 된 것으로 '무엇을 하려고 하나 그러나'의 뜻으로 이적이나 올적의 일을 미루어 나타내는 양보씨끝이다.

(58) ㄱ. 마음이 착잡하련마는, 그는 여전히 태연한 척한다.
ㄴ. 그는 살기가 어려우련마는, 손님 대접은 깎듯이 한다.
ㄷ. 봄은 오련마는, 그이는 언제 올까?

2) 양보월의 의향법에 의한 의미

가. －더라도, －을지라도, －을망정, －을지언정, －아도/어도, －러도/라도, －는데도

이들 씨끝에 의한 의향법의 뜻은 다음과 같다.

(59) ㄱ. 비가 오더라도 {가자. (꾀임) / 가거라. (시킴) / 가마. (약속)}
ㄴ. 그가 싫어할지라도, 나는 가겠다. (의지)
ㄷ. 아무리 읽어도 뜻을 모르겠다. (서술, 단언)
ㄹ. 약을 먹는데도, 별 효과가 없다. (서술, 단언)
ㅁ. 낙방할지언정, 서울대학교에 응시하겠느냐? (물음)

ㅂ. 아무리 영리하여도 노력은 하여야 한다. (마땅)

ㅅ. 죽을망정, 이 일을 { 하겠다. (의지) / 하겠느냐? (물음) / 하자. (꾀임) / 하여라. (시킴) }

나. -던들

'-던들'에 의한 의향법의 뜻은 (60ㄱ~ㄷ)에서 보인 것 이외에는 별로 있는 것 같지 아니하다.

(60) ㄱ. 비가 왔던들 풍년이 들었을 것인데. (가정)

ㄴ. 네가 갔던들, 그 일이 잘 되었겠느냐? (의구, 의문)

ㄷ. 그가 왔던들, 일이 잘 되었지. (서술, 단언)

다. -은들

'-은들'에 의한 의향법의 뜻은 다음의 경우에 한하는 듯하다.

(61) ㄱ. 이런들 어떠하며 저런들 어떠하리? (물음)

ㄴ. 그가 아무리 착한들, 만나지 않겠다. (의지)

ㄷ. 비가 아무리 때맞추어 온들, 풍년은 들지 않겠다. (서술, 단언)

ㄹ. 아무리 살기 좋은들, 거기는 { 가지 말아라. (시킴) / 가지 말자. (꾀임) }

라. -지마는

'-지마는'으로 되는 의향법의 뜻은 (62)에서 보인 것에 그치는 듯하다.

(62) ㄱ. 차가 오지마는 타지 않겠다. (의지)

ㄴ. 그가 밉지마는 { 데려가거라. (시킴) / 데려가자. (꾀임) }

ㄷ. 저 명의가 오지마는, 이 병을 고치겠느냐? (물음)

ㄹ. 그는 열심히 공부하지마는, 성적은 오르지 않는다. (서술, 단언)

ㅁ. 그미가 얄밉지마는, 데려가서 잘 {가르쳐야 한다. (마땅) / 가르치겠다. (의지)}

마. －건마는

'－건마는'에 의한 의향법의 뜻은 (63)에서 보인 것에 한하는 듯하다.

(63) ㄱ. 그가 그미를 구하러 가건마는, 잘 될는지 모르겠다. (추정)

ㄴ. 나도 가건마는, 일이 잘 되겠느냐? (물음)

ㄷ. 공부는 하건마는, 잘 되지 않는다. (서술, 단언)

바. －거니와

'－거니와'에 의한 의향법의 뜻은 (64)에서 보인 바와 같다.

(64) ㄱ. 나는 가거니와, 너는 언제 올래? (물음법)

ㄴ. 나는 가거니와, 너는 여기 있거라. (시킴)

ㄷ. 비는 오거니와, 해갈은 되지 않는다. (서술, 단언)

ㄹ. 철수는 여기 있거니와, 너는 빨리 피해야 한다. (마땅)

ㅁ. 그는 가거니와, 우리는 여기 있자. (꾀임)

사. －으나마, －으나

'－으나마', '－으나'에 의한 의향법의 뜻은 (65)에서 보인 바와 같다.

(65) ㄱ. 그는 가나마, 너는 어떻게 하겠니? (물음)

ㄴ. 기분은 좋으나(마) 일은 잘 되지 않는다. (서술, 단언)

ㄷ. 시간은 늦으나(마), 어서 {가거라. (시킴) / 가자. (꾀임)}

ㄹ. 이 일은 잘 되어 가나, 저 일은 잘 되지 않는다. (서술, 부정)

ㅁ. 나는 공부를 못 하나(마), 너는 어떠하냐? (물음)

아. -는다마는

'-는다마는'에 의한 양보월의 뜻은 다음과 같다.

(66) ㄱ. 공부는 한다마는, 희망이 없다. (서술)

ㄴ. 공부는 한다마는, 희망이 없어? (물음)

ㄷ. 그는 게으르다마는, 너는 열심히 하여야 한다. (마땅)

ㄹ. 비는 온다마는, 같이 {가자. (꾀임) / 가거라. (시킴)}

ㅁ. 눈이 온다마는, 나는 가겠다. (의지)

자. -으려니와

'-으려니와'에 의한 의향법의 뜻은 다음과 같다.

(67) ㄱ. 그는 지금 가려니와, 나는 언제나 갈까? (물음)

ㄴ. 너는 그것을 하려니와, 나는 이것을 하겠다. (의지)

ㄷ. 나는 이것을 하려니와, 너는 저것을 하여라. (시킴)

ㄹ. 철수는 착하려니와, 너는 착하지 아니하다. (서술, 단언)

차. -으련마는

(68) ㄱ. 그는 좋으련마는, 나는 좋지 않다. (서술, 단언)

ㄴ. 그는 오련마는, 나는 가겠다. (의지)

ㄷ. 비가 오련마는, 우리는 가자. (꾀임)

ㄹ. 비야 오련마는, 너는 어서 가거라. (시킴)

ㅁ. 철수는 가련마는, 너는 어떻게 하겠니? (물음)

ㅂ. 그는 흥청망청 살련마는, 너는 성실히 살아야 한다. (마땅)

2.1.1.4 풀이월

풀이씨끝 '-는데/은데', '-느라고', '-는다고/라고', '-는대서야', '-는(을)것같은데', '-되', '-는바' 등에 의하여 이루어지는 월을 풀이월이라 한다.

1) 풀이씨끝의 의미

가. -는데/은데

이적에 어떤 동작이나 상태가 어떠함을 설명하는 씨끝이다. '-는데'는 움직씨에, '-은데'는 그림씨에, '-ㄴ데'는 '이다'에 쓰인다.

(69) ㄱ. 비가 오는데, 일을 하고 있다.
ㄴ. 날씨는 추운데, 군인들이 훈련을 하고 있다.
ㄷ. 그는 학생인데, 공부를 잘 하느냐?

나. -느라고

이것은 움직씨에만 쓰이는데, 임자말이 어떤 행위를 함을 말할이가 베풀어 말할 때 쓰는 씨끝이다.

(70) ㄱ. 철수는 등산을 하느라고, 일찍 나갔다.
ㄴ. 그는 서울에 가느라고, 오늘 아침에 출발하였다.

다. -는다고/라고

움직씨에는 '-는다고'가 쓰이고 그림씨에는 '-다고'가, '이다'에는 '-라고'가 각각 쓰이어 어떤 동작이나 상태, 사실들을 확정하여 설명하는 씨끝이다.

(71) ㄱ. 그는 고시 준비를 한다고 서울에 갔느냐?
ㄴ. 영미는 착하다고 사람들이 야단이다.

ㄷ. 그는 국회의원이라고 얌전을 떤다.

라. -는대서야

이 씨끝은 '-한다고 해서야'의 뜻을 나타내며, 움직씨에는 '-는대서야'가 쓰이고, '-대서야'는 그림씨에, '이래서야'는 '이다'에 쓰인다.

(72) ㄱ. 이런 불경기에 땅을 판대서야, 말도 되지 않는다.
ㄴ. 영미가 착하대서야, 누가 알아 듣겠느냐?
ㄷ. 그가 사장이래서야, 누가 곧이 듣겠느냐?

마. -는(을)것같은데

이것은 아직 완전한 씨끝으로 보기는 어려울지 모르나, 씨끝처럼 쓰이므로 풀이씨끝으로 처리하였다. 그 뜻은 '-과 동일함을 추정함'을 나타낸다.

(73) ㄱ. 비가 올것같은데, 어서 가자(가거라).
ㄴ. 그미가 착할것같은데, 네가 보기에는 어떠하더냐?
ㄷ. 저기가 석굴암인것같은데, 잘 모르겠다.

바. -되

이 씨끝은 '-하다, 그러나'의 뜻을 나타낸다.

(74) ㄱ. 너는 일을 많이 하되, 칭찬을 듣지 못하는구나.
ㄴ. 이곳은 경치가 좋되, 사람들이 찾아오지 않는다.
ㄷ. 그는 국회의원이되, 별로 뛰어나지 못하다.

사. -는바

'-한 것에 따르면' 또는 '-인데, -한데', '-므로'의 뜻을 나타내는 풀이씨끝이다.

(75) ㄱ. 내가 들은바, 그는 훌륭한 학자라 하더라.

ㄴ. 그가 학자인바, 이 문제는 쉽게 해결될 것이다.

ㄷ. 그가 점잖은바, 사윗감으로는 제일일세.

2) 풀이월의 의향법에 의한 의미

가. －는데/은데

이 씨끝에 의한 의향법의 뜻은 다음 괄호 속의 것과 같다.

(76) ㄱ. 눈이 오는데, 조심하여 {가거라. (시킴) / 가자. (꾀임)}

ㄴ. 시간이 늦은데, 학교에 가지 않느냐? (물음)

ㄷ. 날씨가 좋은데, 그들은 소풍을 간다. (서술, 단언)

ㄹ. 오늘은 비가 오는데, 집에 {있어야 한다. (마땅) / 있겠다. (의지) / 있어야 하겠다. (단정)}

ㅁ. 그가 온다는데, 나는 집에 있으마. (약속)

나. －느라고

이 씨끝에 의한 의향법의 뜻은 다음 두 가지에 한하는 듯하다.

(77) ㄱ. 공부하느라고 집에 있느냐? (물음)

ㄴ. 잠만 자느라고 시간 가는 줄도 모른다. (서술, 단언)

다. －는다고/라고

이 씨끝에 의한 의향법의 뜻은 서술, 단언, 물음, 금지, 시킴 등이 된다.

(78) ㄱ. 그는 비가 온다고 집으로 갔다. (서술, 단언)

ㄴ. 그미가 싫다고 만나지 않겠느냐? (물음)

ㄷ. 영미가 예쁘다고 너무 좋아하면 안 된다. (금지)

ㄹ. 돈이 많다고 너무 설치지 말아라. (시킴)

라. -는대서야

이 씨끝에 의한 의향법의 뜻은 다음과 같다.

(79) ㄱ. 그가 온대서야, 좋아할 사람이 아무도 없다. (서술, 단언)

ㄴ. 그가 잘 났대서야, 누가 믿겠느냐? (물음)

ㄷ. 그미가 예쁘대서야 아무도 안 믿겠다. (추정)

마. -는(을)것같은데

이 씨끝에 의한 의향법의 뜻은 다음과 같다.

(80) ㄱ. 그가 찾아올것같은데, 집에 있겠다. (의지)

ㄴ. 비가 올것같은데, 집에 {있자. (꾀임) / 있거라. (시킴)}

ㄷ. 그가 찾을것같은데, 왜 집에 있느냐? (물음)

ㄹ. 눈이 올것같은데, 나가지 {말아라. (시킴, 금지) / 않는게 좋겠다. (의지, 금지)}

ㅁ. 손님이 오실것같은데, 나가지 말아야 한다. (마땅, 시킴)

바. -되

이 씨끝에 의한 풀이월의 뜻은 다음과 같이 여러 가지로 나타난다.

(81) ㄱ. 밥을 먹되, 바로 앉아 먹어라. (시킴)

ㄴ. 나는 일을 하되, 계획대로 한다. (서술)

ㄷ. 돈을 쓰되, 계획을 세워 써야 한다. (마땅)

ㄹ. 일을 하되, 오늘은 두 시간만 하겠다. (의지)

ㅁ. 오늘은 일을 하되, 몇 시간만 하겠느냐? (물음)

ㅂ. 오늘은 일찍 자되, 내일 아침 7시에 일어나자. (꾀임)

ㅅ. 밥을 먹되, 너무 많이 먹어서는 아니 된다. (금지, 시킴)

2.1.1.5 견줌월

씨끝 '-거든', '-느니'에 의하여 이루어지는 월을 견줌월이라 한다.

1) 견줌씨끝의 의미

가. -거든

'-거든'은 조건의 뜻도 나타내나 견줌의 뜻을 나타내기도 하는데, 견줌의 뜻으로 쓰일 경우는 다음과 같다.

(82) ㄱ. 선생이 저러하거든, 학생이야 말할 것이 없다.
ㄴ. 그 글도 믿지 아니하거든 어찌 내 말을 믿겠느냐?
ㄷ. 내 아니 잊었거든 넨들 설마 잊을쏘냐?

(82ㄱ~ㄷ)에서 보면, 조건적인 사실이 견줌의 뜻을 나타내는 듯이 느껴진다.

나. -느니

(83) ㄱ. 여기 사느니, 차라리 시골에서 사는 게 낫다.
ㄴ. 이렇게 있느니, 차라리 노동이라도 하는 게 낫지 않을까?
ㄷ. 집에서 걱정하느니, 바로 나가서 알아 보는 게 {낫겠지. / 낫겠지?}

2) 견줌월의 의향법에 의한 의미

가. -거든

'-거든'의 의향법의 뜻은 다짐이나 되물음으로써 사실은 그러하다는 식의 긍정의 뜻을 나타낸다.

(84) ㄱ. 내가 못 잊거든, 그인들 잊을 쏘냐? (긍정)
ㄴ. 네가 그리 하거든, 남인들 안 그리하랴? (긍정)
ㄷ. 철이가 그러하거든, 그의 동생도 그러하지. (단정)

나. -느니

(85) ㄱ. 이렇게 사느니, 차라리 죽는 게 낫다. (단정)
ㄴ. 이런 시골에 사느니, 도시로 나가서 사는 게 어때? (물음, 의아)
ㄷ. 여기에서 사느니, 서울로 { 가자. (꾀임) / 가거라. (시킴) }
ㄹ. 여기서 있느니, 그리고 가마. (약속)

2.1.1.6 선택월

씨끝 '-거나', '-든지', '-든가'에 의하여 되는 월을 선택월이라 한다.

1) 선택씨끝의 의미[5)]

가. -거나

이 씨끝에 의한 선택은 말할이 선택이므로, 지정성택이라고도 할 수 있다.

(86) ㄱ. 시장에 가거든, 누르거나 푸른 천을 사 오너라.
ㄴ. 그것은 그가 실존철학을 구사했다는 의미에서가 아니라, 그가 이러한 철학적 도식을 그의 종말론적 진술의 원칙으로 삼은 한

5) 김승곤(1979), 「선택형어미 '-거나'와 '-든지'의 화용론」, 『말』 4집, 연세대학교 어학당, 9~26쪽 참조.

에 있어서 성서적이거나 신학적이 될 수 없다는 말이다.

ㄷ. 설사 부활이 있다 치더라도, 이 세상에서의 김 아무개, 박 아무개는 인격적인 주체성은 없어지고, 하나의 단순한 범신론적인 물아의 상태이거나, 전체에의 귀일에 지나지 않을 것이니…

ㄹ. 잘했거나, 못 했거나 모두 네 책임이나.

(86ㄱ~ㄹ)에서 보면 '-거나'는 말할이가 선택함을 나타내고 있음이 분명하다.

나. -든지, -든가

이 선택씨끝은 들을이 선택 즉 말할이가 지정한 선택이 아니고 들을이가 자기 마음대로 하는 선택이므로 부정선택이라고도 할 수 있다.

(87) ㄱ. 가든지 말든지 네 마음대로 하여라.

ㄴ. 먹든지 말든지 나는 모른다.

ㄷ. 밉든지 곱든지 데리고 가거라.

ㄹ. 밉든가 곱든가 네 마음대로 하여라.

(87ㄱ)에서 가고 안 가고는 들을이한테 있고, (87ㄴ)과 (87ㄷ)에서 밉고 고운 것은 들을이의 마음에 있다. 따라서, '-든지', '-든가'는 들을이 선택임이 분명하다.

(88) ㄱ. 그가 밥을 먹었다거나 안 먹었다거나 상관이 없다.

ㄴ. 그가 밥을 먹었다든지 안 먹었다든지 마음대로 하여라.

ㄷ. 너는 갔다든가, 안 갔다든가 분명히 하여라.

(88)에서 보면 '-거나', '-든지/든가'는 안맺음씨끝 다음에 쓰이어 선택을 나타낸다.

2) 선택월의 의향법에 의한 의미

선택월은 다음 괄호 속과 같은 뜻을 나타낸다.

가. −거나

(89) ㄱ. 희거나 푸른 천을 사 {오마. (약속) / 오너라. (시킴) / 오자. (꾀임) / 오겠느냐? (물음)}

ㄴ. 좋거나 싫거나, 나는 그를 사랑해야 한다. (마땅)

ㄷ. 밉거나 곱거나, 그미를 사랑하겠다. (의지)

나. −든지, −든가

(90) ㄱ. 꽃이 좋든지 싫든지 네 뜻대로 하여라. (시킴)

ㄴ. 그가 오든지 안 오든지, 여기 {있자. (꾀임) / 있으마. (약속) / 있겠다. (의지)}

ㄷ. 영미가 가든가 말든가 놓아 두겠느냐? (물음)

ㄹ. 잘 되든가 않든가, 정성을 다해야 한다. (마땅)

ㅁ. 맛이 있든가 없든가, 나는 밥을 잘 먹는다. (서술, 단언)

2.1.1.7 더보탬월

씨끝 '−을뿐더러', '−는데다가', '−을뿐아니라' 등에 의하여 되는 월을 더보탬월이라 한다.

1) 더보탬씨끝의 의미

가. −을뿐더러

어떤 일이 그뿐만으로 그치지 아니함을 보이는 동시에, 다시 그밖에 어떤 다른 일이 더 있음을 나타낸다.[6)]

(91) ㄱ. 비가 올뿐더러, 눈마저 온다.
ㄴ. 그는 공부도 잘 할뿐더러, 운동도 잘 한다.
ㄷ. 영희는 영어도 잘 할뿐더러, 불어도 잘 한다.

나. −는데다가

이 씨끝은 '−는데'에 '다가=다그다'가 더하여 된 것인데, '다그다'는 '가까운 쪽으로 옮기다'의 뜻이므로 '−는데다가'는 '−는데에 무엇이 더하여'로 이해된다. 따라서 '−는데다가'는 '−는데 그 위에 더하여'의 뜻이 된다.

(92) ㄱ. 그는 효자인데다가 자원봉사마저 하고 있다.
ㄴ. 철수는 아버지를 도우는데다가 작은 아버지까지 도운다.
ㄷ. 영희는 예쁜데다가 착하기까지 하다.

다. −을뿐아니라

이것은 '−을뿐만 아니라'로도 쓰이는데, 그 뜻은 '−뿐아니라 그 위에 또 다른 것을 더하여'로 이해된다.

(93) ㄱ. 그는 학생일뿐아니라, 야간학교 선생이기도 하다.
ㄴ. 그미는 예쁠뿐아니라, 착하기도 하다.
ㄷ. 그는 공부도 잘 할뿐아니라, 운동도 잘 한다.

---

6) 한글학회(1973), 『새한글사전』, 홍자출판사, 330쪽에 의거함.

2) 더보탬월의 의향법에 의한 의미

더보탬월은 서술, 물음, 시킴, 꾀임, 마땅, 의지, 미룸, 약속 등의 뜻을 나타낸다.

가. －을뿐더러

(94) ㄱ. 이것은 골동품일뿐더러 국보 {이다. (단언) / 이냐? (물음) / 이겠다. (추정)}

ㄴ. 너는 일도 할뿐더러 이웃도 {도와라. (시킴) / 돕느냐? (물음)}

ㄷ. 우리는 불우이웃을 도울뿐더러 무의탁 노인들도 {돕자. (꾀임) / 도와야 한다. (마땅) / 도우마. (약속)}

나. －는데다가

이 씨끝이 쓰인 더보탬월의 뜻은 다음과 같다.

(95) ㄱ. 너는 서울에 가는데다가, 설악산에도 {가느냐? (물음) / 가겠지. (추정)}

ㄴ. 우리는 농촌 봉사를 하는데다가, 불우이웃 돕기도 한다. (해명, 단언)

ㄷ. 미국은 세계 제일 가는 부자나라인데다가 과학도 가장 많이 발달한 나라 {이다. (서술) / 이지? (물음) / 이겠지. (추정)}

ㄹ. 그는 동생을 공부시키는데다가 조카도 공부시켜야 한다. (마땅)

다. -을뿐아니라

이 씨끝이 쓰인 의향법의 뜻은 다음과 같다.

(96) ㄱ. 철이는 열심히 일할뿐아니라, 연구도 열심히 {한다. (단언) / 하느냐? (물음)}

ㄴ. 너는 열심히 일할뿐아니라, 연구도 열심히 하여야 {한다. (마땅) / 하여라. (시킴) / 하겠지. (당연)}

ㄷ. 우리는 열심히 일할뿐아니라, 연구도 열심히 {하겠다 (의지) / 하마. (약속) / 하자. (꾀임)}

ㄹ. 이곳은 유적지일뿐아니라, 관광지 {이다. (서술) / 이냐? (물음) / 이겠지. (미룸)}

2.1.1.8 어찌월

씨끝 '-게', '-도록', '-을수록', '-듯이', '-는데있어서', '-거니-거니', '-이/리' 등에 의하여 되는 월을 어찌월이라 한다. 이들 씨끝은 두자격법 중의 어찌법의 구실을 하기 때문에 이와 같은 씨끝으로 되는 월을 어찌월이라 한다.

1) 어찌씨끝의 의미

가. -게

이 씨끝은 이미 어떤 상태에 이르러 다시는 되돌릴 수 없는 상황에

있음을 나타낸다.[7)]

(97) ㄱ. 왜놈들이 우리의 애국자들을 꼼짝하지 못하게 갖가지 법률로 써 구속하였다.
ㄴ. 무궁화가 아름답게 피어 있다.
ㄷ. 그가 잘 되게 어머니는 밤낮으로 기도하였다.

나. -도록

아직은 어떤 목표점에 이르지 않았으나, 장차 그 목표점에 도달하기를 바라는 뜻을 나타낸다. 즉 어떤 지경에 이를 만큼의 뜻을 나타낸다.[8)]

(98) ㄱ. 동해물과 백두산이 마르고 닳도록 하느님이 보우하사 우리나라 만세.
ㄴ. 그는 혀가 닳도록 아들을 타일렀다.
ㄷ. 어머니는 해가 지도록 아들이 돌아오기를 기다렸다.

다. -을수록

어떤 상태나 동작이 점점 더해감을 나타낸다.

(99) ㄱ. 그는 공부를 할수록, 성적이 올라간다.
ㄴ. 일을 할수록 요령이 생긴다.
ㄷ. 날이 가고 달이 갈수록 내 마음에 사무친다.

라. -듯이

'무엇을 하는 것과 같이'의 뜻을 나타낸다.

---

7) 김승곤(1981), 「'-게', '-도록'의 의미분석」, 『김민수 교수 화갑기념논문집』, 237~247쪽 참조.

8) 위의 논문, 참조

(100) ㄱ. 날 좀 보소. 날 좀 보소. 동지섣달 꽃 본듯이 날 좀 보소.
ㄴ. 그 배는 물이 흐르듯이, 바다 위를 미끄러져 갔다.
ㄷ. 네가 나를 생각하듯이 나도 너를 생각한다.

마. -는데있어서

이것은 하나의 씨끝으로 보기에는 무리가 있을 것 같으나, 관용적으로 이렇게 쓰이므로 하나의 씨끝으로 다루기로 한 것이다.

(101) ㄱ. 우리가 일을 하는데있어서, 절대적으로 그의 도움이 필요하다.
ㄴ. 네가 연구하는데있어서, 선생의 가르침이 있어야 한다.
ㄷ. 산업이 발전하는데있어서, 반드시 깊은 연구가 있어야 한다.

(101ㄱ~ㄷ)에서 보면 '-는데있어서'는 '-함에 있어서'의 뜻을 나타낸다.

바. -거니 -거니

어떤 하나의 행동을 섞바꾸어 가면서 함을 뜻하는 씨끝이다.

(102) ㄱ. 그들은 앞서거니 뒤서거니, 서로 다투어 뛰었다.
ㄴ. 그는 이러하거니 저러하거니, 온갖 애를 다 쓰면서 이을 처리하였다.
ㄷ. 짐을 이거니 지거니, 피난길을 떠났다.

사. -이/리

이 씨끝은 그림씨 '같다'와 '없다' 등이 끝바꿈할 때의 어찌씨끝이다.

(103) ㄱ. 우리는 돈이 없이 살아 갈 수 없다.
ㄴ. 너는 나와 같이 열심히 일하여라.
ㄷ. 이 소문이 끝이 없이 널리 퍼져 있더라.

2) 어찌월의 의향법에 의한 의미

가. -게

이 씨끝에 의한 의향법의 뜻에는 다음 괄호 속의 것과 같이 다양하다.

(104) ㄱ. 너는 씩씩하게 잘 자라나고 있다. (서술, 단언)
ㄴ. 우리는 이 집을 아름답게 잘 꾸며야 한다. (마땅)
ㄷ. 철수는 행복하게 잘 살고 있겠지? (물음)
ㄹ. 너도 행복하게 잘 살아 보아라. (시킴)
ㅁ. 그가 잘 자라나게 우리가 돕자. (꾀임)
ㅂ. 철이가 잘 살게 나는 도와 주겠다. (의지)
ㅅ. 풍년이 들게 비가 많이 오겠다. (추정)

나. -도록

이 씨끝에 의한 의향법의 뜻은 다음 보기의 괄호 속에 보인 것과 같다.

(105) ㄱ. 땀이 흐르도록, 운동을 {하여라. (시킴) / 하자. (꾀임) / 하느냐? (물음)}
ㄴ. 물이 나도록 샘을 팠다. (서술)
ㄷ. 날이 새도록 기다려야 한다. (마땅)
ㄹ. 날이 밝도록 자지 않겠다. (의지)
ㅁ. 풍년이 들도록 비가 많이 오겠다. (추정)
ㅂ. 철수는 죽도록 영희를 사랑하였겠더라. (추정)

다. -을수록

이 씨끝에 의한 의향법의 뜻은 다음 괄호 속에 보인 것과 같다.

(106) ㄱ. 우리가 도울수록, 그들은 용기를 낸다. (서술, 단언)

ㄴ. 집이 깨끗할수록, 기분이 좋지? (물음)

ㄷ. 산이 푸를수록 나무를 더 { 가꾸자. (꼬임) / 가꾸어라. (시킴) / 가꾸겠다. (의지) }

ㄹ. 이곳이 살기 좋을수록 우리는 환경을 더 가꾸어야 한다. (마땅)

ㅁ. 날씨가 포근할수록 꽃이 많이 피겠다. (미룸)

라. -듯이

이 씨끝에 의한 의향법의 뜻은 다음 보기의 괄호 속과 같이 다양하게 나타난다.

(107) ㄱ. 물이 흐르듯이 세월이 빠르다. (서술, 단언)

ㄴ. 네가 알듯이 그는 우등생이 아니냐? (물음)

ㄷ. 그가 철이를 도우듯이 우리도 그를 도우자. (꾀임)

ㄹ. 그가 노력하듯이 너도 노력하여라. (시킴)

ㅁ. 그가 영미를 도우듯이 우리도 영미를 { 도와야 한다. (마땅) / 돕겠다. (의지) }

ㅂ. 여기도 가물 듯이 저기도 가물겠다. (추정)

마. -는데있어서

이 씨끝에 의한 의향법의 뜻도 다음 괄호 속에 보인 것과 같다.

(108) ㄱ. 공부하는데있어서 노력이 { 제일이다. (서술, 단언) / 제일이겠지? (추정, 물음) }

ㄴ. 출세하는데있어서 무엇이 제일이냐? (물음)

ㄷ. 성공하는데있어서는 끊임없이 노력하여야 한다. (마땅)

ㄹ. 연구하는데있어서는 끝까지 잘 { 하자. (꾀임) / 하마. (약속) / 하여라. (시킴) }

바. -거니 -거니

이 씨끝에 의하여 되는 의향법의 뜻에는 다음 괄호 속에 보이는 것과 같다.

(109) ㄱ. 나는 간밤에 자거니 말거니, 시간만 보냈다. (서술, 단언)

ㄴ. 그들은 잡거니 밀거니, 이 산길을 {올라갔지? (물음) / 올라갔겠다. (추정)}

ㄷ. 제발 잘 했거니 못 했거니, 다투지 {말아라. (시킴) / 말자. (꾀임) / 말아야 한다. (마땅)}

사. -이/리

이 씨끝에 의한 의향법의 뜻은 다음 괄호 안과 같다.

(110) ㄱ. 바다가 끝도 없이 펼쳐져 있다. (서술,단언)

ㄴ. 너는 돈도 없이 어디로 가려고 하느냐? (물음, 만류)

ㄷ. 너와 같이 부지런한 사람도 없겠지(없겠다). (추정, 단정)

ㄹ. 이순신 장군과 같이 왜적과 싸워서 {이겨야 한다. (마땅) / 이기자. (꾀임)}

ㅂ. 너는 아무 말도 없이 여기에 가만히 숨어 있거라. (시킴)

2.1.1.9 뜻함월

씨끝 '-으려(고)', '-으러', '-고자', '-자', '-자고' 등에 의하여 되는 월을 뜻함월이라 한다.

1) 뜻함씨끝의 의미

가. -으려(고)

무엇을 하려는 의도나 말할이의 어떤 생각을 나타낼 때 쓰인다.

즉, 이 '-으려(고)'는 주·객관적 의도를 나타낸다.

(111) ㄱ. 그는 공부하려 학교에 갔다.
ㄴ. 비가 오려고 날이 어두워지나 보다.
ㄷ. 그는 입신양명하려(고) 수단 방법을 가리지 아니하고 아부를 하였다.

(111ㄴ)에서 보듯이 '비가 오려고'는 객관적인 사실을 바탕으로 말할이가 그렇게 미루어 생각을 나타내고 있다.

나. -으러

이 씨끝은 목적을 나타낸다.

(112) ㄱ. 그들은 공부하러 학교에 간다.
ㄴ. 그는 일하러 새벽같이 있어났다.

다. -고자

이 씨끝은 주관적 의도 즉 말할이의 의도를 나타낸다.

(113) ㄱ. 나는 새벽에 일찍 일어나고자, 저녁에 일찍 잤다.
ㄴ. 철수는 돈을 벌고자 외국으로 떠났다.
ㄷ. *비가 오고자 날이 어두워졌다.

(113ㄱ,ㄴ)은 말할이의 의도를 나타내므로 말본스러우나, (113ㄷ)은 비의 의도를 나타내므로 월이 성립되지 않는다. '비가 오려고'로 하면 성립되는데, 그것은 말할이의 어떤 사실을 미루어 의도를 나타내기 때문이다.

라. -자, -자고

이 씨끝 중 '-자'는 '-고자'의 '-고'가 줄어서 된 것 같이 보이나,

그렇지 아니하다. 이 씨끝은 바로 말할이 의도를 나타낸다.

(114) ㄱ. 죽자 하니 청춘이요, 살자 하니 고생이라.

ㄴ. 나는 성공하자, 결심하였다.

ㄷ. 우리는 잘 살자고 맹세하였다.

2) 뜻함월의 의향법에 의한 의미

가. －으려(고)

이 씨끝에 의한 의향법의 뜻은 다음 각 보기의 괄호 속에 보인 것과 같다.

(115) ㄱ. 우리는 공부하려고 학교에 {간다. (서술) / 가야 한다. (마땅)}

ㄴ. 너는 무엇하려 하느냐? (물음)

ㄷ. 그들은 내일 귀국하려 하겠지. (미룸)

ㄹ. 그들은 나라를 되찾으려고 많은 투쟁을 하였더라. (단언)

나. －으러

이 씨끝에 의한 의향법의 뜻은 '－으려(고)'보다는 다양한데, 다음과 같다.

(116) ㄱ. 그는 공부하러 학교에 {갔다. (서술, 단언) / 갔더라. (서술, 단언)}

ㄴ. 얘들아, 공부하러 {가자. (꾀임) / 가거라. (시킴)}

ㄷ. 너희들은 일하러 가야 한다. (마땅)

ㄹ. 그들은 일하러 가겠다. (추정)

ㅁ. 우리는 일하러 가겠다. (의지)

다. －고자

이 씨끝에 의한 뜻함월의 뜻은 다음 괄호 속의 것과 같다.

(117) ㄱ. 나는 놀고자 집으로 왔다. (서술)
ㄴ. 너희는 놀고자 왔느냐? (물음)
ㄷ. 그들은 철수를 돕고자 노력하여야 한다. (마땅)
ㄹ. 나는 잘 살고자, 열심히 일하겠다. (의지)
ㅁ. 그들은 독재를 티도하고자, 열얼히 투장하였더라. (단언)

라. －자, －자고

이 씨끝에 의한 뜻함월의 뜻은 '－고자'의 경우와 거의 비슷하다.

(118) ㄱ. 죽자 하니 청춘이요, 살자 하니 고생이라. (서술, 단언)
ㄴ. 너는 이런 일을 하려고 죽자 살자 일하였느냐? (물음)
ㄷ. 같이 살자 {약속하자. (꾀임) / 약속하여라. (시킴)}
ㄹ. 우리는 같이 살자(고) 맹서하여야 {한다.(마땅) / 하겠다. (의지)}
ㅁ. 같이 가자(고) 약속하마. (약속)

2.1.1.10 추정월

추정씨끝 '－거니', '－는지', '－을지', '－을는지' 등에 의하여 되는 월을 추정월이라 한다.

1) 추정씨끝의 의미

가. －거니

사실 추정이다. 즉 어떤 사실이 그러하리라고 추정하는 뜻을 나타낸다.

(119) ㄱ. 나는 그가 잘 있겠거니, 믿고 있었다.

ㄴ. 나는 영희는 잘 살겠거니, 생각하였다.

나. -는지

어떤 사실 여부를 측정하는 씨끝이다.

(120) ㄱ. 그가 잘 갔는지 나는 모르겠다.

ㄴ. 거기는 비가 왔는지 나는 소식을 듣고자 한다.

ㄷ. 철수가 왔는지 물어 {보아라. / 보자.}

다. -을지

앞으로의 일을 추정함을 나타낸다.

(121) ㄱ. 그는 언제 갈지 나는 모르겠다.

ㄴ. 영미가 언제 올지 너는 그에게 물어 {보아라. / 보자.}

ㄷ. 그미는 꽃이 피면 올지, 잎이 지면 올지, 나는 알 수 없다.

라. -을는지

어떤 가능성이나 의도가 있는지를 추정하는 뜻을 나타낸다.

(122) ㄱ. 이번 모임에 철수가 올는지, 영미가 올는지 잘 알아 보아라.

ㄴ. 그가 집에 있을는지 {알겠니? / 알 수 없다.}

ㄷ. 혹 그에게 돈이 있을는지, 알아 보자.

2) 추정월 짜임새의 특징

추정월은 앞에서 다룬 여러 월과는 달리, 뜻으로 보아 그 짜임새에 특이한 점이 있다. 이에 대하여 살펴보면 다음과 같다.

(123) ㄱ. 그는 잘 살겠거니(하고), 나는 생각하였다.

ㄴ. 그가 잘 있는지 아무도 모른다.

ㄷ. 그가 그 일을 잘 해 낼지 우리는 걱정스럽다.

ㄹ. 우편물이 무사히 도착할는지 나는 걱정하고 있다.

(123ㄱ)의 밑줄 부분은 뒷마디의 안긴마니로서 '생각하였다'의 어찌말이나 또는 따옴말이 되며, (123ㄴ)의 밑줄 부분은 뒷마디의 안긴마디로서 '모른다'의 부림말이 된다. 그리고 (123ㄷ)의 밑줄 부분은 뒷마디의 안긴마디로서 '걱정스럽다'의 임자말이 되며, (123ㄹ)의 밑줄 부분은 뒷마디의 안긴마디로서 '걱정하고'의 부림말이 된다. 따라서, (123ㄱ~ㄹ)을 본짜임새로 써 보면 다음 (124)와 같다.

(124) ㄱ. 나는 그가 잘 살겠거니(하고) 생각하였다.

ㄴ. 아무도 그가 잘 있는지를 모른다.

ㄷ. 우리는 그가 그 일을 잘 해 낼지가 걱정스럽다.

ㄹ. 나는 우편물이 무사히 도착할는지를 걱정하고 있다.

(124ㄱ~ㄹ)에서 토씨 '하고'[9], '를', '가', '를'을 없애고, (123ㄱ~ㄹ)과 같이 변형시켰다고 볼 수 있다. 그러면 왜 (123)를 (124)와 같이 볼 수 있느냐 하면, ('-거니'는 제외하고) '지'는 본래 매인이름씨인데 말본의 설명상 편리하므로 씨끝으로 다루었기 때문이다.

3) 추정월의 의향법에 의한 의미

가. -거니

이 씨끝에 의한 추정월의 뜻은 서술, 물음, 미룸, 마땅, 꾀임, 시킴

9) '하고'는 움직씨이나 설명의 편의상 토씨라 하였음.

등을 나타낸다.

(125) ㄱ. 내일 그가 퇴원하겠거니, 철수는 {생각하였다. (서술, 단언) / 생각하지? (물음) / 생각하겠지. (추정)}

ㄴ. 철수가 입시에서 합격하겠거니, 우리는 {생각하여야 한다. (마땅) / 믿어 주자. (꾀임)}

ㄷ. 그가 잘 있겠거니, 생각하여라. (시킴)

나. -는지

이 씨끝에 의한 추정월의 뜻은 서술, 물음, 꾀임, 시킴, 마땅, 의지, 약속 등을 나타낸다.

(126) ㄱ. 비가 오지 않는지, 내다 {보아라. (시킴) / 보자. (꾀임)}

ㄴ. 세월이 어찌도 빠른지, 오늘이 며칠이냐? (물음)

ㄷ. 그가 언제 미국에 가는지 알아 {보아라. (시킴) / 보아야 한다. (마땅) / 보겠다. (의지) / 보마. (약속)}

ㄹ. 철수는 그가 몇 시에 서울역에 도착하는지, 안내에게 물어 보았다. (서술, 단언)

다. -을지

이 씨끝에 의한 의향법의 뜻은 서술, 물음, 시킴, 꾀임, 의지, 마땅, 약속, 미룸 등의 뜻을 나타낸다.

(127) ㄱ. 비가 올지, 눈이 올지, 물어 {보아라. (시킴) / 보자. (꾀임)}

ㄴ. 무엇을 먹을지, 나는 {모르겠다. (단언) / 모른다. (서술, 단언)}

ㄷ. 오늘은 무엇을 해야 할지 알아 {보아야 한다. (마땅) / 보겠다. (의도) / 보마. (약속)}

라. －을는지

이 씨끝에 의한 추정월의 뜻은 서술, 물음, 시킴, 꾀임, 마땅, 의지, 약속, 돌이킴 등을 나타낸다.

(128) ㄱ. 내가 무엇을 할는지, 너는 알겠느냐? (물음)

ㄴ. 그가 언제 올는지 알아 내어야 한다. (마땅)

ㄷ. 그가 올는지 안 올는지 물어 {보아라. (시킴) / 보겠다. (의지) / 보자. (꾀임) / 보마. (약속)}

ㄹ. 철수가 합격할는지 나는 알 수 없다. (서술, 단언)

ㅁ. 일이 언제 끝날는지 나로서는 알 수 없더라. (해명, 단언)

2.1.1.11 중단월

씨끝 '－다가'에 의하여 되는 월을 중단월이라 한다.

1) 중단씨끝의 의미

중단씨끝에는 '－다가' 하나가 있는데, 뜻은 어떤 행동의 중단 또는 전환을 나타낸다.

(129) ㄱ. 그는 일을 하다가, 장 보러 갔다.

ㄴ. 철수는 놀다가, 공부하게 되었다.

ㄷ. 공부를 하다가, 잠이 들었다.

2) 중단월의 의향법에 의한 의미

중단월의 의향법에 의한 뜻은 다음 괄호 속의 것과 같다.

(130) ㄱ. 일하다가 무엇하느냐? (물음)

ㄴ. 일하다가, 간혹 { 쉬어라. (시킴) / 쉬자. (꾀임) / 쉬마. (약속) / 쉬겠다. (의지) }

ㄷ. 공부하다가, 잔다. (서술)

ㄹ. 일하다가는 쉬어야 한다. (마땅)

ㅁ. 그는 일하다가 잠만 자더라. (단언)

ㅂ. 일하다가는 쉬지 말아라. (금지)

그런데, 경우에 따라서는 '－다가'는 '－다'로 줄어서 쓰이는 일이 있다.

(131) ㄱ. 철수는 견디다 못하여 집으로 갔다.

ㄴ. 그는 참다 참다 화를 내었다.

(131ㄱ)은 '철수는 견디다가 철수는 견디지를 못하여 집으로 갔다'로 보아지며, (131ㄴ)은 '철수는 참다가 참다가 참지를 못하여 화를 내었다'로 보아진다. 이때의 '－다(가) －다(가)'는 중단씨끝이 거듭되어 애씀의 뜻을 나타낸다.[10]

---

10) 졸저 『현대나라말본』 504쪽에서는 '－다, －다'를 애씀법이라 하여 독립시켰다.

2.1.1.12 잇달음월

씨끝 '−자'에 의하여 되는 월을 잇달음월이라 한다.

1) 잇달음씨끝의 의미

'−자'의 뜻은 이름 그대로 어떤 행동에 잇달아, 다른 행위나 동작이 일어남을 뜻한다.

(132) ㄱ. 까마귀 날자, 배가 떨어졌다.
ㄴ. 네가 가자 말자 영미가 찾아 왔더라.
ㄷ. 해가 뜨자, 온 천하가 밝아졌다.

2) 잇달음월의 의향법에 의한 의미

잇달음월의 의향법에 의한 뜻은 마땅, 의지, 서술, 꾀임, 물음, 약속, 돌이킴 등을 나타낸다.

(133) ㄱ. 일이 끝나자, 아버지를 도와야 했다. (마땅)
ㄴ. 수업이 끝나자, 바로 가겠다. (의지)
ㄷ. 날이 밝자 곧 {떠났다. (서술) / 떠나자. (꾀임)}
ㄹ. 일이 끝나자, 바로 {가겠느냐? (물음) / 가자. (약속)}
ㅁ. 그들은 일이 끝나자, 바로 가더라. (단언, 해명)

2.1.2 벌임월

맞섬에 따른 마디이음월은 벌임월에 한한다.

2.1.2.1 벌임씨끝의 의미

벌임씨끝 '－으면서, －으며, －고(요), －고서, －고도, －고서도, －으면서도, －다느니' 등에 의하여 되는 월을 벌임월이라 한다.

가. －으면서

움직씨, 그림씨, 잡음씨 등에 제약 없이 쓰이면서 진행성, 동시성, 벌임 등의 뜻을 나타낸다.

(134) ㄱ. 철수는 걸어가면서, 책을 읽는다.

ㄴ. 그미는 예쁘면서, 마음도 착하다.

ㄷ. 그는 이 회사의 사장이면서, 국회의원이면서 또 선도위원이다.

(134ㄱ~ㄷ)에서 보면, 진행성, 벌임 등을 동시성 하나로 묶을 수 있겠는데, 진행성은 움직씨에 쓰일 때 나타나고, 동시성은 그림씨에 쓰일 때, 벌임 및 동시성은 잡음씨에 쓰일 때 주로 나타나는 듯하다.

나. －으며

진행성, 동시성, 벌임, 대등 등의 뜻을 나타낸다. '－으며'도 위에 말한 '－으면서'와 같이 그 오는 풀이씨에 따라 여러 가지 뜻을 나타내는 듯하다.

(135) ㄱ. 철이는 농사를 지으며, 야간 대학에 다니며 공부한다.

ㄴ. 그미는 착하며, 인물도 예쁘다.

ㄷ. 그는 대학생이며, 야간 학교의 선생이다.

ㄹ. 선생은 가르치며, 학생은 배운다.

(135ㄱ)의 '－으며'는 움직씨에 쓰이었는데 보기에 따라서는 '진행, 동시성, 벌임'의 뜻을 나타내고, (135ㄴ)의 '－으며'는 그림씨에 쓰였는데 '동시성, 벌임'의 뜻으로 이해되며, (135ㄷ)의 '－며'는 '이다'에

쓰이었는데 벌임으로 보인다. 그러나, (135ㄹ)의 '-며'는 움직씨에 쓰였는데 대등이다. 이때의 앞뒤 마디의 임자말은 다르다. 그러나 깊이 따져 보면 이때의 '-며'는 동시성으로 보아야 한다. 따라서, 글쓴이가 맞섬월을 따로 인정하지 아니한 까닭이 여기에 있다.

다. -고(요)

이것은 앞뒤 마디 임자말이 다르면 맞섬월을 이루나 임자말이 같으면 벌임월을 이룬다. 그 뜻은 동시성, 벌임, 차례, 진행성, 대등 등을 나타낸다.

(136) ㄱ. 선생은 가르치고 학생은 배운다.
ㄴ. 이것은 책이고, 저것은 연필이다.
ㄷ. 철수는 우등생이요, 반장이요, 우리들의 모범생이다.
ㄹ. 그는 일을 마치고, 집으로 갔다.
ㅁ. 그미는 지금 자고 있고, 영미는 공부하고 있다.
ㅂ. 철수는 밥을 먹고 학교에 갔다.

(136ㄷ)에서 보면, 벌임의 뜻으로는 '-고'보다는 '-요'가 더 많이 그리고 분명히 쓰이는데, '-요'는 '이다'에 주로 쓰이고 '-고'는 '이다'에도 쓰이나 주로 움직씨, 그림씨에 쓰인다. 그리고 동시성과 진행성 및 차례에는 '-고'만 나타내고 '-이요'는 나타내지 못한다.

라. -고서

이것은 움직씨에 주로 쓰이어 '-을 하고 나서' 즉 '연후'의 뜻을 나타내고 가끔가다 그림씨에 쓰이어 벌임의 뜻을 나타낸다.

(137) ㄱ. 철수는 일을 하고서, 공부를 한다.
ㄴ. 그미는 예쁘고서, 착하다.
ㄷ. *그는 이 고장 출신이고서, 어떻게 그런 말을 할 수 있나?

ㄹ. *그는 이 고장 출신이고서, 제일 훌륭한 사람이다.

(137ㄱ)이 가장 잘 쓰이고 (137ㄴ)이 버금으로 쓰이나, (137ㄷ,ㄹ)은 실제 말살이에서는 쓰이지 아니한다. '아니고서'는 쓰인다.

마. －고도

이것은 '－고＋도(토씨)'로 된 것으로 움직씨에 가장 잘 쓰이고, 다음으로 그림씨와 '이다'에 쓰인다. 그러나 '이요도'나 '이요서도'로는 쓰이지 아니한다.

(138) ㄱ. 그는 공부를 하고도, 이 사실을 잘 모른다.
ㄴ. 그는 공부를 하고도, (또) 공부를 한다.
ㄷ. 그미는 아름답고도, 착하다.
ㄹ. 그는 효자이고도, 모범 청년이다.

바. －고서도

이 씨끝은 '－고서＋도(토씨)'로 된 것인데, 주로 움직씨에 쓰이어 '－하고 또 그 위에＋첨가'의 뜻으로 쓰이나, 그림씨와 '이다'에는 잘 쓰이지 아니하며 특히 '이요서도'로는 절대로 쓰이지 아니한다. 그러나 '아니고서도'로는 쓰인다.

(139) ㄱ. 그는 일을 하고서도 공부를 한다. (첨가, 벌임)
ㄴ. 그미는 예쁘고서도 착하다. (첨가, 벌임)
ㄷ. 그는 학생이고서도 장학생이다.

사. －으면서도

이것은 '－으면서＋도(토씨)'로 된 것으로 동시성, 벌임 등에 '또한', '역시'의 뜻을 더하는 씨끝이다. 움직씨, 그림씨, '이다' 등에 쓰인다.

(140) ㄱ. 철수는 길을 가면서도, 책을 읽는다.

ㄴ. 정미는 예쁘면서도, 성형수술을 하였다.

ㄷ. 숙희는 착하면서도, 예쁘다.

ㄹ. 그는 선생이면서(도), 또 공부를 한다.

(141) ㄱ. 철수는 서울에 간다면서(도), 아직 가지 아니하였다.

ㄴ. 그는 영미가 아름답다며, 칭찬을 늘어 놓았다.

ㄷ. 그는 공부한다면서(도), 일을 하지 않는다.

(141ㄱ~ㄷ)의 '－ㄴ다면서', '－다며', '－ㄴ다면서도'는 '－ㄴ다+하며', '－ㄴ다+하면서(도)'에서 '하－'가 줄어든 것으로 볼 수 있다.

2.1.2.2 벌임월의 의향법에 의한 의미

가. －으면서

이 씨끝에 의한 의향법의 뜻은 다음 보기의 괄호 속에 보인 것과 같다.

(142) ㄱ. 그는 일을 하면서, 공부를 한다. (서술, 설명, 단언)

ㄴ. 이 일을 하면서, 저 일도 하여야 한다. (마땅)

ㄷ. 나하고 같이 가면서 그의 집을 가르쳐 다오. (요구, 시킴)

ㄹ. 놀면서, 장사가 되느냐? (물음)

ㅁ. 농사를 지으면서, 축산도 하겠다. (의도)

ㅂ. 장사를 하면서, 축산도 하자. (꾀임)

ㅅ. 그는 울면서, 가겠다. (추정)

나. -으며

(143) ㄱ. 지금부터는 절약하며 {살아야 한다. (마땅) / 살겠다. (의지) / 살겠지. (추정) / 살아라. (시킴)}

ㄴ. 철수는 일하며 공부한다. (서술, 단언, 설명)

ㄷ. 그는 무엇하며 사느냐? (물음)

ㄹ. 우리는 일하며 살자. (꾀임)

다. -고, -고서

(144) ㄱ. 그는 일을 마치고(서), 집으로 갔다. (서술, 단언, 설명)

ㄴ. 너는 일을 마치고(서), {놀아라. (시킴) / 노느냐? (물음)}

ㄷ. 이 일을 마치고(서), 놀자. (꾀임)

ㄹ. 일을 마치고(서), 쉬겠지. (추정)

ㅁ. 공부를 끝내고(서), 쉬어야 한다. (마땅)

라. -고도

이 씨끝에 의한 뜻은 그리 많지 않은 듯하다.

(145) ㄱ. 그는 밥을 먹고도, 안 먹은 척한다. (서술, 단언, 설명)

ㄴ. 너는 아까 먹고도, 또 먹느냐? (물음)

ㄷ. 그는 저렇게 놀고도, 돈을 잘 벌겠지. (추정)

마. -고서도

(146) ㄱ. 그는 밥을 먹고서도, 가지 않는다. (설명, 단언, 서술)

ㄴ. 점심을 먹고서도, 아직 일하지 않느냐? (물음)

ㄷ. 그는 일을 끝내고서도 쉬지 않고 또 일을 하겠다. (추정)

바. -으면서도

(147) ㄱ. 그는 약속을 잘 하면서도, 이행하지 않는다. (서술, 단언, 설명)
ㄴ. 그는 놀면서도, 아내의 일을 도우지 않느냐? (물음)
ㄷ. 그는 부모에게 애를 먹이면서도, 경우에 따라서는 효도도 하겠지. (추정)

3. 섞임월11)

가진겹월과 마디이음겹월이 서로 어울리거나, 이음겹월 끼리 서로 어울리어 이루어지는 월을 섞임월이라 한다. 섞임월의 수는 헤아릴 수 없이 많은데, 이음겹월이 안긴마디 하나씩만 가진 섞임월만 하더라도 안긴마디의 종류에 따라 126개가 되며, 이음겹월이 안긴마디를 두 개씩만 가진 섞임월의 수는 252개가 되며, 이음겹월이 안긴마디를 둘씩 가진다면 섞임월은 182개이며 셋씩 합하여 되는 섞임월의 수는 2184개가 생성 가능하다. 따라서, 섞임월의 모두를 일일이 풀이하기는 어려우므로, 그 기본틀에 관하여서만 풀이하기로 한다. 다음 3.1~3.5와 같은 섞임월은 안긴마디를 가지고 있기 때문에 가진섞임월이라 하고, 3.6과 같은 월을 이음섞임월이라 하며, 3.7과 같은 월을 가진이음섞임월이라 한다.

3.1 가진섞임월 Ⅰ : 하나의 이음겹월이 마디를 하나만 가진 섞임월

(148) ㄱ. 날씨가 따뜻하기가 봄날과 같으므로 우리는 등산을 하였다. (마

11) 최현배(1983), 『우리말본』 846쪽 이하에서는 복잡한 가진월, 복잡한 벌린월, 복잡한 이은월의 셋을 풀이하고 있다.
정인승(1956), 『표준 고등말본』 211쪽 이하에서는 섞임월을 겹겹월, 거듭거듭월, 겹거듭월, 거듭겹월, 겹거듭겹월의 다섯으로 나누어 풀이하고 있다.

디를 가진 인과관계월)

ㄴ. 머리가 좋음이 아인슈타인과 같은데, 공부를 하지 않는다. (임자마디를 가진 풀이월)

ㄷ. 영희는 나이가 들수록 소견이 난다. (어찌마디를 가진 더해감월)

ㄹ. 네가 일하기가 힘들지라도, 참고 일하여라. (임자마디를 가진 양보월)

ㅁ. 철이는 이 책이 재미있음을 몰랐을 것 같으면, 네게 권하지 않았을 것이다. (부림마디를 가진 조건월)

ㅂ. 영미가 교양이 될 만한 책을 주자, 철수는 매우 좋아하였다. (매김마디를 가진 잇달음월)

ㅅ. 접등새의 슬픈 이야기가 끝나자, 철없는 것들이지만 무슨 감명이나 받은 것처럼 모두가 슬픈 기색의 표정들이었다. (견줌마디를 가진 잇달음월)

ㅇ. 내가 책을 좋아함과 같다면, 어머니가 얼마나 좋아하실까? (견줌마디를 가진 조건월)

3.2 가진섞임월 II : 하나의 이음겹월의 앞뒤 마디가 각각 하나씩의 마디를 가진 섞임월

(149) ㄱ. 나는 그가 오기를 바라는데, 그는 날씨가 좋지 않음으로 오지 않는다.

ㄴ. 철수는 영희가 너무 말이 많음에 염증을 느끼고, 영미는 말을 많이 하지 말라고 한다.

ㄷ. 나는 날이 가고 달이 갈수록, 고향이 그리워짐을 금할 수 없다.

ㄹ. 네가 책을 좋아함이 그와 같다면, 나도 책을 좋아함에 어머니는 좋아하실 것이다.

3.3 가진섞임월 III: 하나의 이음겹월이 세 개의 마디를 가진 섞임월

(150) ㄱ. 네가 책을 좋아함이 영희가 책을 좋아함과 같을뿐아니라, 철수가 책을 좋아함과도 같다.

ㄴ. 나는 네가 착한 사람임을 자랑하며 영수도 착하게 됨과 철수도 착하게 되기를 권유한다.

ㄷ. 올해 풍년이 들었음에 방심하지 말도록, 정부는 모든 국민이 근검절약함과 정부 자체도 솔선수범하겠음을 홍보하여야 한다.

3.4 가진섞임월 IV: 두 개의 이음겹월이 마디를 각각 하나씩 가진 섞임월

(151) ㄱ. 철수의 애주는 네가 술을 좋아함과 같거나 철수가 술을 좋아함과 같은즉, 건강에 유의함이 좋겠다. (견줌마디를 가진 선택월과 견줌마디를 가진 인과관계월이 합하여 된 섞임월)

ㄴ. 학문이 무엇인가 문제삼지 않는다 해도, 각자가 학문의 의의와 방향에 대해서 생각하고, 연구방법을 바로잡고자 한다. (부림마디를 가진 양보월과 벌임월을 가진 섞임월)

ㄷ. 학문이 무엇인가 하는 것은 상식적인 질문이고, 이미 만족스러운 해답이 마련되어 있다고 여긴다면, 그런 정신상태로는 학문을 할 수 없다. (임자마디를 가진 벌임월과 따옴마디를 가진 조건월을 가진 섞임월)

3.5 가진섞임월 V: 세 개의 이음겹월이 각각 마디를 하나씩 가진 섞임월

(152) ㄱ. 너는 인격이 훌륭하고 철이는 돈이 많으며 영희는 여성의 매력이 남다르다.

ㄴ. 우리는 역사가 훌륭함을 자랑 말며, 과학이 발달한 나라를 건설

하여, 세계가 우러러 보는 조국건설에 힘써야 한다.

ㄷ. 우리는 동해물과 백두산이 마르고 닳도록, 우리나라가 경제력이 뛰어난 나라로 만들어, 세계가 우러러보는 나라가 되게 하여야 한다.

(152ㄱ~ㄷ) 이외에, 세 개의 섞임겹월의 각각에 안긴마디가 두 개, 세 개 있는 섞임겹월도 있을 수 있으나, 그 보기는 줄이기로 한다.

3.6 이음섞임월: 세 개 이상의 이음겹월이 섞이어 되는 섞임월

(153) ㄱ. 이야기의 진행이 세월을 거치면서, 차츰 그 격렬함이 줄어 들어, 어쩌면 이제는 보다 미묘한 심리적 잔인성 곧 이기주의, 비웃음, 교만, 무관심 등으로 엉켜, 새로운 막에서 갈등의 요소가 되어 있을지도 모른다.

ㄴ. 일찍이 그는 중국문학에 심취해서, 중국에 건너가, 오랫동안 유학을 하여, 남들이 어렵다고 하는 학위를 받고, 귀국하였다.

ㄷ. 이 책을 처음부터 끝까지 읽고 나면, 인생의 전부를 산 것처럼 생각을 키우고, 영을 살찌우는 대목도 적지 않으며, 또한 좋지 못한 이면이 들어난다고 하면, 그것은 타산지석으로 끌어 들여, 독자의 수양에 도움을 줄 것도 의심치 않는다.

ㄹ. 그 선택은 아들에게 일임하였으므로, 아들은 공부를 하든지, 일을 하든지 제 마음에 따라, 한 가지를 하게 된다.

ㅁ. 도중에서 생각이 나서, 이마누엘의 집에 들러, 검은 넥타이와 완장을 빌리지 않으면, 안 되었기 때문이다.

ㅂ. 그는 도착하자마자 짐을 풀고, 책을 정리하였으나, 가져 오지 않은 것이 있어서, 당황하고 있었는데, 다행히 영희가 그것을 가지고 왔다.

ㅅ. 내가 자주 양로원을 찾지 않은 것은 일요일을 허비해야 하고, 버스 정류장까지 가서, 차표를 사 가지고, 몇 시간 동안이나 여

행을 하여야 하는 것이 번거롭기도 했지만, 다른 이유도 조금 은 있었다.

3.7 가진이음섞임월: 세 개 이상의 섞임월의 각각이 하나씩의 마디를 가진 섞임월

(154) ㄱ. 우리는 비가 오기를 기다렸으나, 비는 오지 않았으므로, 농사가 잘 되기를 기대할 수 없어서, 자포자기하였는데, 마지막에 우리가 바라던 비가 내렸다.

ㄴ. 내가 바라던 봄은 오는데, 가신 임은 오지 않으니, 나는 밤낮으로 그가 무사하기를 하나님께 비나 아무런 소식이 없으니, 애타는 마음을 달랠 길 없어, 오직 어린 자식 키우기에만 정성을 쏟고 있다.

위의 3.1~3.5의 각 가진섞임월들은 마디를 더 가질 수도 있으며 3.6의 이음섞임월도 이음겹월을 4개, 5개 등을 가질 수 있고, 3.7의 가진이음섞임월도 마디를 2개, 3개 등 더 가질 수 있겠으나, 그와 같은 보기는 줄이고 3.1에서 3.7까지로써 가진섞임월과 이음섞임월 및 가진이음섞임월의 기본틀로 보아도 좋을 것이다.

4. 작은월

4.1 작은월의 분류

월이란 주어진 임자말과 풀이말을 가진 형태소 연쇄를 말한다. 그런데, 확실히 의미면에서는 월에 상당하는데도 불구하고, 겉구조를 보면 필수적 조각인 임자말과 풀이말을 가지고 있지 않은 형태소 연쇄가 있다. 예를 들면, 다음 (155ㄱ~ㄷ)과 같은 밑줄 부분은 월에 상당하는 의미를 나타내고 있으나, 필수적 조각을 결여하고 있어서 완전한 형식의 월은 아니다.

(155) ㄱ. 조금 더?
　　　ㄴ. 아주 고마워요.
　　　ㄷ. 이제, 그만.

위와 같은 필수적 조각을 결여하고, 말하자면 월의 단편만에 의하여 월 상당의 내용이 나타나 있는 형태소 연쇄를 작은월이라 부르기로 한다.

위의 작은월들은 각각 어떤 조각들을 보충함에 의하여 완전한 형식의 월로 복원할 수 있다. (155ㄱ)에서는 임자말 '너는'과 움직씨 '먹겠니'를 보충함에 의하여 완전한 형식의 월이 되고, 또 (155ㄴ)에서는 임자말 '학생, 아저씨, …' 등을 보충함에 의하여 온전한 형식의 월이 되며, (155ㄷ)에서는 임자말 '우리는'과 풀이말 '먹자, 하자…' 등을 보충함에 의하여 완전한 형식의 월로 복원할 수 있다. 따라서 (155ㄱ~ㄷ)의 월은 완전한 형식의 월 중의 일부가 줄어져 있다. 이와 같이, 줄어져서 복원 가능한 작은월을 달리 줄임월이라 부르기도 한다.

줄임월에 있어서 생략이 이루어지는 것은, 생략의 대상이 되는 부분이 어떤 문맥으로 볼 때, 분명하고 다시 서술할 필요가 없는 경우이다.

(156) 나는 책을, 너는 신문을 읽는다.

(156)에서는 왼쪽 월과 오른쪽 월의 풀이말이 같다. 따라서, 거듭 쓰이고 있는 풀이말을 되풀이하는 것은 잉여적이다. 따라서, 첫 번째의 풀이말이 줄어져 있다. 이와 같은 줄임은 전후의 언어적 문맥에 의존하는 형식으로 이루어져 있으므로, 언어적 문맥에 의존한 줄임월이라 한다. 이에 반하여 (155ㄱ)이 쓰이는 상황을 생각해 보면, 말할이가 있고 그이 앞에는 상대자가 있는데, 말할이가 그 상대자에게

'무엇을 조금 더 먹겠는지' 또는 '무엇을 조금 더 하겠는지' 등을 물을 때의 월인데, 여기서는 굳이 '너는 (밥을) 조금 더 먹겠니?'하고 다 물을 필요가 없어서 '조금 더?'라고 묻고 만 것이다. 이와 같이, 월이 쓰이는 주위의 상황에 의하여 줄어서 이루어지는 형식의 월을 담화문맥에 의존하는 줄임월이라 한다. 담화문맥에 의존한 줄임월을 완전한 월로 복원하기 위해서는 그에 필요한 부분을 담화문맥에서 찾아내어 그것을 보충하면 된다.

이상과 같은 줄임월에 대하여, (157)과 같은 줄임은 어떠한 말이 줄어서 된 것인지 그것을 복원하기가 매우 어렵다.

이와 같은 작은월을 무정형월이라 한다.

(157) ㄱ. 대한민국 만세! ㄴ. 예.
ㄷ. 아닌 밤중에 홍두깨 ㄹ. 절에 간 색시
ㅁ. 갓바치 내일 모래

무정형월은 줄임월에 비하여 관용구적인 색채가 강하다. 즉, 말의 배열이 보통의 월에서는 볼 수 없는, 특수한 것이든가 아니면, 그 의미해석이 보통의 월의 해석에 쓰이는 규칙을 적용하여서는 올바르게 해석되지 않는 경우가 많다. 또, 무정형월에서는 생략이 어떤 문맥에 의존하여 이루어지는 것이 아니므로 줄임월과는 달라서 단독으로 쓰이더라도 항상 일관된 의미를 가지고 있다.

같은 무정형월 중에서도 다른 무정형월로 바꿀 수 있다면, 그와 같은 무정형월을 생산적 무정형월이라 하는데 반하여, 그 일부를 다른 말과 바꾸어 넣을 수 없는 무정형월을 고정적 무정형월이라 한다. 생산적 무정형월은 그것의 일부를 다른 말로 바꾸어 넣을 수가 있으므로, 달리 치환 가능한 무정형월이라 하고, 고정적 무정형월은 그 일부를 다른 말로 바꾸어 넣을 수가 없기 때문에 치환 불가능한 무정형월이라 한다. 이상에서 설명한 작은월의 분류를 정리하면 다음과 같다.

(158) 작은월
- 줄임월
  - 언어적 문맥에 의존한 줄임월
  - 담화적 문맥에 의존한 줄임월
- 무정형월
  - 치환 가능한 무정형월
  - 치환 불가능한 무정형월

다음에서는 이 분류에 따라 각 작은월의 형식적 특징이나 말본에 있어서의 취급법에 관하여 검토해 보기로 하겠다.

4.2 줄임월

4.2.1 언어적 문맥에 의존한 줄임월

4.2.1.1 종류

언어적 문맥에 의존한 줄임월에는 (159)과 같은 움직씨구 삭제, (160)과 같은 비우기, (161)와 같은 간접물음 단축의 결과 생기는 월들이 있다.

(159) ㄱ. 철수는 영화를, 돌이는 음악을 사랑한다.
ㄴ. 철수는 영화를 사랑하나, 돌이는 음악을.

(160) ㄱ. 야, 철수야, 이걸 가져 가거라.
ㄴ. 뭘……?

(161) ㄱ. 누가 방금 총을 맞았는데, 누가 총을 맞았는지 나는 모른다.
ㄴ. 누가 방금 총을 맞았는데, 누구인지 모른다.

풀이말 삭제가 되는 월에서는 거듭 쓰이는 풀이말이 다 주는 것이 아니고, (159ㄱ,ㄴ)과 같이 풀이말이 줄게 되는데, 어느 것이 줄어드는가는 수의적이다.

(162) ㄱ. 철수가 흑판에 글을 썼다. 그러나 돌이는 _____ 쓰지 않았다.
ㄴ. 철수는 백화점에 갔으나 돌이는 _____ 가지 않았다.
ㄷ. 철수는 거짓말을 하지 않았으나, 돌이는 _____ 했다.
ㄹ. 철수는 거짓말을 하였으나, 돌이는 _____ 하지 않았다.

(162ㄱ)은 '흑판에 글을'을 삭제한 보기요, (162ㄴ,ㄷ)은 '_____'로 표시한 움직씨구 중의 이름씨구 '백화점'과 '거짓말'을 삭제하였으며, (162ㄹ) 또한 이름씨구 '거짓말'을 삭제하였다. 따라서 한국어에서의 움직씨구 삭제는 '풀이말 삭제', '움직씨구 중의 이름씨구 삭제', '어찌씨구 삭제'의 셋으로 하위 구분된다.

예를 몇 개 더 들어 보자.

(163) ㄱ. 철수는 틀림없이 그의 선생님을 욕했을 것이다. 그러나 둘이는 하지 않았다. ('그의 선생님을 욕'이 생략)
ㄴ. 도둑 A는 틀림없이 경찰에 체포되었을 것이나, B는 되지 않았다. ('틀림없이 경찰에 체포' 생략)

(164) ㄱ. 그는 매일 열심히 공부하나, 철수는 공부하지 않는다. (어찌씨구 삭제)
ㄴ. 그는 매일 열심히 공부를 하나, 철수는 하지 않는다. (어찌씨구와 이름씨구 삭제)

(163), (164)에서 보는 바에 의하면, 한국어에 있어서 줄어드는 부분은 앞에서 말한 세 가지는 물론 그들 중 몇가지가 겹쳐서 줄어지기도 함을 알 수 있다.

(165) ㄱ. 이것은 책, 저것은 연필.

ㄴ. 너는 처녀, 나는 총각.

(165ㄱ,ㄴ)에서는 '이요'와 '이다'가 줄어든 보기이다. 이와 같이 '이다'도 줄어지는 경우가 있다.

다음에는 비우기를 보면, 이것은 수의적이기는 하나 어떤 말을 아주 하지 않고 점선으로 나타내는데, 이를 조목별로 보면 다음과 같다.

먼저, 앞 월을 되풀이하여야 할 경우에는 뒤에서는 말없음표로 나타낸다.

(166) ㄱ. 네 눈에는 안 뵈나? 을봉이네 손 비비고 있는 게 ……

ㄴ. 멍텅구리! 을봉이 몰라? 저 아주머니의 아들 말야. 그 녀석이 도망치지 않았어? 왜놈에게 끌려 병정 나가기가 싫어서 ……

(166ㄱ)의 말없음표는 '네 눈에는 안 뵈나?'를 줄인 비우기요, (166ㄴ)의 말없음표는 '그 녀석이 도망치지 않았어?'가 준 것을 보인 비우기이다. 이와 같이, 비우기로 나타낼 수 있는 월은 물음월은 물론 서술월, 행위요구월에 나타난다. 그런데, 어떤 경우에는 월을 완전히 말없음표로 나타냄으로써 비우기를 나타내는 일이 있다.

(167) ㄱ. 을봉: 들에는 콩두 영글구, 수수두 익구, 고구마며 무 같은 것도 많아서 먹을 걱정은 없다구 말씀해 주구려.

ㄴ. 옥분: …….

(이상, 유치진의 「흔들리는 지축」에서)

(167ㄴ)의 '……'는 옥분이가 을봉의 말에 대하여 아무 대답을 하지 않은 것을 나타내는 비우기이다. 이런 비우기를 완전 비우기라 부르기로 한다. 이런 비우기는 수의적이다.

또 임자말을 줄일 경우에 비우기로 나타낸다.

(168) 옥분: 아아, 그 주재소에서 찾는다는……?

(168)의 말없음표에는 '을봉이가'를 줄인 비우기이다. 경우에 따라서는 바로 앞엣말을 부정할 때 비우기로 나타낸다.

(169) 옥분: 내가 뭐 코흘리는 어린애라디? 그런 것 가지고 놀게…….

그리고 무엇을 찾음을 나타낼 때, 비우기로 나타낸다.

(170) 옥분: (우물 앞에서) 함지박을 덮었던 보제기를 내가 에다 놨었는데…….

많은 말을 나열하여 말하여야 할 경우에는 말 중간을 비우기로 나타내든가 아니면 끝부분을 비우기로 나타낸다.

(171) 옥분: 그러구, 이 아랫마을에선 정룡이허구……이 면에서 도무지 열일곱이나 떠났지.

다음의 (172ㄱ)은 조심스레 말하기 전의 비우기를 보인 것이요, (172ㄴ)은 같은 말의 계속을 나타낸 것이다. 그리고, (172ㄷ)은 어떤 불특정한 말을 줄였음을 나타내는 비우기를 보이는 것이다.

(172) ㄱ. 옥분: (눈이 동그래지며)……왜?
ㄴ. 옥분: 이히히히……(자랑스러운 듯이 웃는다)
ㄷ. 을봉: 그만 두우. 그러다간…….
옥분: 밤낮 눈물로만 세월 보내구…….

다음 (173)는 풀이말을 줄인 비우기로 보인 것이다.

(173) 옥분: 그럼 임자가 정말…….

이상에서 한 설명에 의하여 보면, 한국어에서의 비우기는 수의적이어서 일정한 어떤 규칙을 찾기가 힘들다. 그러나, 위에서 설명한 범위에서 크게 벗어나지는 않는다.

간접물음 단축이 이루어져 있는 월을 보면 다음과 같다.

(174) ㄱ. 어떤 사람이 총을 맞았다.
ㄴ. 그러나, 나는 누구인지 모른다. (간접물음 단축)

4.2.1.2 공통특징

위에서 설명한 움직씨구 삭제, 비우기, 간접물음 단축을 포함하는 월에는 몇가지 공통적 특징이 있다.

첫째, 줄임월은 그들이 사용되어 있는 문맥에서 독립시켜 버리면, 벌써 월로서의 기능을 다하지 못하고 만다. 언제나 선행사를 포함한 다른 말이 앞뒤에 있어야만 한다. 따라서 월이 사용된 상황, 즉 담화적 문맥으로부터 미루어 보아 줄어진 부분의 내용이 분명하더라도, 위에서 말한 모습의 줄임월을 단독으로 사용할 수는 없다. 예를 들면,

(175) ㄱ. 누가 그를 때렸니?
ㄴ. 철수가 ＿＿＿. (움직씨구 삭제)

(175ㄱ,ㄴ)에서 (175ㄱ)을 없애고 (175ㄴ)만을 사용하면, (175ㄴ)만으로써는 완전한 월이 될 수 없다. (175ㄴ)이 월로서의 구실을 다하기 위해서는 (175ㄱ)이 반드시 있어야 전후관계가 맞아서, (175ㄴ)이 줄임월로서의 구실을 다하게 되는 것이다.

둘째, 줄임의 대상이 되는 부분과 그 선행사가 되는 부분과는 형식의 면에서 특히 태의 면에서 같지 않으면 안 된다. 선행사를 포함한 마디(월)가 능동이라면 줄임월도 능동태가 되어야 하고, 반대로 앞것이 입음이면 뒷것도 입음월이 되어야 한다.

(176) ㄱ. 이 작품은 높이 평가되어졌으나 저 작품은 ____되어지지 않았다.

ㄴ. *이 작품은 높이 평가되어졌으나 저 작품은 ____하지 않았다.

셋째, 등위접속되어 있는 두 요소 중 하나만을 줄임의 대상으로 할 수는 없다.

(177) ㄱ. 나는 이 책을 읽을 수도 없고, 이해할 수도 없다.

ㄴ. *나는 이 책을 ____ 없고, 이해할 수도 없다.

(178) ㄱ. 나는 이 글을 읽을 수 있다. 그리고 나는 이 글을 이해할 수 있다.

ㄴ. *____ 그리고 나는 이 글을 이해할 수 있다.

(177ㄴ)과 (178ㄴ)에서 보아 알 수 있듯이, 등위접속마디의 일부를 줄여도 월이 되지 않음은 물론, 전부를 줄여도 월이 되지 않음은 말할 것도 없다. 이에 대하여, 등위접속되어 있는 이은말(구) 그 자체를 줄이는 것이 아니고, 등위접속되어 있는 이은말 또는 마디의 일부만은 줄일 수 있다.

(179) ㄱ. 철수는 공부를 잘 하지 못하나, 돌이는 ____ 잘 하며 그는 그것을 매우 다행하게 여기고 있다.

ㄴ. 철이는 토요일에 공부를, 영희는 일요일에, 그리고 돌이는 월요일에 한다.

넷째, 이들 줄임월을 포함하는 월에서는 선행사 결여 현상을 관찰할 수 있다. 선행사 결여현상이란 대이름씨의 선행사가 되어야 할 이은말이 전후 문맥에 존재하고 있지 않는데도 불구하고 그 대이름씨가 특정의 사물을 지시하고 있다고 해석되는 현상을 말한다. 다음의 예를 가지고 더 설명하기로 하겠다.

(180) ㄱ. 아버지는 크리스마스를 위한 어떠한 것도 사지 않았으나, 어머니는 샀다. 그런데 <u>그것은</u> 아주 좋은 것이었다.

ㄴ. 철수는 그의 옷들을 세탁소에 갖다 주었고, 돌이는 <u>그들이</u> 다 세탁되었는데도 드라이클리닝 집에 갖다 주었다.

(180ㄱ)의 밑줄친 '그것'은 어머니가 산 '어떤 것'을 가리키고, (180ㄴ)의 밑줄 친 '그들'은 돌이의 '옷들'을 가리킨다. 그런데 (180ㄱ,ㄴ)을 (181ㄱ,ㄴ)과 같이 고쳐 써 보면 비문이 된다.

(181) ㄱ. *아버지는 크리스마스를 위하여 어떠한 것도 사지 않았는데, 그것은 매우 좋은 것이었다.

ㄴ. *철수는 그의 옷들을 세탁소에 갖다 주었고 돌이는 그들을 드라이클리닝 집에 갖다 주었다.

(181ㄱ,ㄴ)이 월이 되지 않는 것으로 미루어 보면 (180), (181)의 밑줄친 대이름씨들은 첫 번째 마디 중의 이은말을 가리키고 있다고는 볼 수 없으며, 두 번째 마디에서 생략된 부분의 일부를 가리키고 있다고 해석된다. 그러나, 거기에는 선행사가 될 이은말이 아무것도 나타나 있지 않다. 따라서 대이름씨의 선행사는 겉구조에는 나타나 있지 않은 셈이 된다.

다섯째, 줄임월의 조각이 나타나는 위치는 공통적이다. 즉 움직씨는 앞마디에서 줄게 되고 뒷마디에서는 부림말이나 어찌말이 줄게 된다.

(182) ㄱ. 철이는 밥을 _____ 순희는 떡을 먹었다.

ㄴ. 철이는 밥을 아주 잘 먹지마는 순희는 _____ 먹지 않는다.

4.2.2 언어적 문맥에 의존한 줄임월 II

4.2.2.1 종류

줄임월은 담화 중에 나타날 가능성을 가지되, 그 대부분은 말할이의 월의 일부로서 나타나는 것이 보통이다. 그러나 줄임월은 오직 담화에 있어서만 사용되는 것도 있다. 질문에 대한 응답월, 정보의 보족, 앞월의 내용 확인 등에 쓰이고 있는 삭은월이 그 전형적인 예이다.

(183) ㄱ. 너는 철수에게 무엇을 주었니?
ㄴ. 연필(을).

(184) ㄱ. 그들은 언제 여기 도착했나?
ㄴ. 다섯 시에.

(185) ㄱ. 그 붉은 양말은 양키를 당혹시켰다.
ㄴ. 양키를?

이들 작은월에 있어서는, 앞월 중에 나타나 있는 부분이 줄어져 있다. 준 부분이 선행사를 가지고 있다는 점에서는, 앞절에서 본 줄임월과 같이 언어적 문맥에 의존한 줄임월의 일종이라고 할 수 있다.

위 예에서 아는 바와 같이, 선행사를 포함하는 월(앞월)과 생략월과는 같은 종류의 월이라고는 반드시 할 수 없다. 어떤 때에는 두 월 모두 서술월이나 또 어떤 때는 한쪽이 서술월이고 다른 쪽이 물음월일 수도 있다. 앞월과 줄임월과의 월의 종류를 맞추어 보기 위해서 다음과 같이 한 번 생각해 보기로 하자.

(186) ㄱ. 서술월 — 서술월
ㄴ. 서술월 — 물음월

ㄷ. 물음월 — 물음월

ㄹ. 물음월 — 서술월

또 위의 (183)~(184)에서도 분명한 바와 같이 줄임월이 앞월에 대하여 나타내고 있는 기능은 한결같지 않다. (183)과 같이, 앞월의 일부를 다른 내용으로 바꾸는 구실도 하는 일이 있을 뿐 아니라, (184)와 같이 앞월에는 없었던 내용을 보족하는 구실도 하며, 또 (185)과 같이 앞월의 일부를 그대로 되풀이하는 구실도 한다. 줄임월이 앞월에 대하여 다하고 있는 기본적인 구실은 다음과 같은 것이다.

(187) ㄱ. 바꿔놓기

ㄴ. 보족(기우기)

ㄷ. 되풀이

(186)에 보인 4가지 월의 맞추기에 관하여, 각각 줄임월이 (187)에 보인 세 가지 기능을 다 할 수가 있다. 따라서 (186)과 같은 월과 (187)과 같은 구실과에 대하여 줄임월은 12가지로 교차 분류되는 셈이 된다. 다음에서 차례에 따라 구체적인 예를 보아 가기로 하겠다.

1) 서술월과 서술월의 맞추기

① 바꿔놓기

앞월의 일부가 사실에 반대되고 있든지 찬성할 수 없든지 할 경우에, 그 부분을 다른 표현으로 바꿔 놓는다. 바꿔놓기의 대상이 되는 부분은 이은말일 수도 있고 마디일 수도 있다.

(188) ㄱ. 그미는 아들을 낳았다.

ㄴ. 딸을 낳지 않았다.

(189) ㄱ. 나는 진실한 자와 만날 작정이다.

ㄴ. 그러나 나는 오늘은 안 만나겠다.

② 보족

앞월에서 제시한 충분하지 않을 경우에는 새로운 정보가 보족된다. 보족되는 요소는 장소를 나타내는 어찌씨구, 으뜸마디의 부분 등 여러 가지이다.

(190) ㄱ. 그는 어젯밤에 도착하였다.
ㄴ. 7시 30분에. (때 어찌씨구)

(191) ㄱ. 그들은 피로해 있다.
ㄴ. (네,) 아주. (어찌씨)

(192) ㄱ. 관대한 아버지는 어린이에게 점심으로 초코렛바를 먹였다.
ㄴ. 나는 인정할 수 없다. (으뜸마디 부분)

③ 되풀이

앞월의 일부를 반복함에 의하여 내용을 확인하게 된다. 그 확인이 불신이나 놀람에 의하여 이루어질 때는, 줄임월이 반복되어 느낌월의 일종으로 볼 수가 있다.

(193) ㄱ. 그는 뉴멕시코에 갈 것이다.
ㄴ. (네,) 뉴멕시코.
뉴멕시코에! 믿을 수 없다.

2) 서술월과 물음월의 맞추기

① 바꿔놓기

가장 전형적인 것은 앞월의 일부를 물음말로 바꿔놓는 일이다. 불명확한 데를 분명히 하도록 상대자에게 의뢰하는 일이다. 따라서 되물음월의 일종으로 볼 수 있을 것이다.

(194) ㄱ. 나는 차를 사고 싶다.

ㄴ. 무엇?

② 보족

앞월의 정보량에 만족하지 않고 일층 더 정보제공을 의뢰하는 경우에 쓰인다. 의뢰하는 방법에는 가부물음월의 형식을 취할 수도 있고(43ㄴ의 ㉮), 물음말물음월의 형식을 취할 수도 있다(43ㄴ의 ㉯).

(195) ㄱ. 철수는 모임에 올 것이다.

ㄴ. ㉮ 오늘밤?

㉯ 언제? / 그리고 그 외에 누구?

③ 되풀이

앞월의 일부를 가부물음월의 형식으로 되풀이함에 의하여 불명확한 점은 분명히 하고 불신, 놀람을 표명하기도 한다. 되물음월의 일종으로 보아진다.

(196) ㄱ. 그는 매우 화가 났다.

ㄴ. ㉮ 그가?

㉯ 아주 화가 났다고?

3) 물음월과 물음월의 맞추기

① 바꿔놓기

앞월의 물음월의 일부를 다른 표현으로 바꿔 놓고 되묻는다.

(197) ㄱ. 그이의 아버지가 돌아가셨니?

ㄴ. 죽었어?

② 보족

앞월의 질문이 부적당하다고 생각될 때는, 역으로 반문함에 의하여 진술의 질문을 거절해야 할 것임을 암암리에 상대에게 시사하게 된다.12) 줄임월은 가부물음월의 형식이 되는 수도 있고, 물음말물음월의 형식으로 되는 수도 있다.

(198) ㄱ. 언제 그들은 예약을 취소했나?

ㄴ. 예약을 취소했어?

(199) ㄱ. 너는 배터리를 테스트해 보았어?

ㄴ. 어떻게?

③ 되풀이

앞월의 물음월의 일부를 그대로 되풀이한다. 되물음월의 일종으로 볼 수 있다.

(200) ㄱ. 철수는 영희와 결혼했나?

ㄴ. 철수는 영희와 결혼했어?

4) 물음월과 서술월의 맞추기

① 바꿔놓기

가부물음월에 대한 부정의 답으로라든가(201), 물음말물음월에 대한 응답으로 라든가(202) 하는 것을 전형적으로 볼 수 있다.

(201) ㄱ. 그는 뱀을 기르고 있나?

ㄴ. 아니, 도마뱀.

(202) ㄱ. 그의 마음은 어쩌면 그렇게 빨리 바뀌나?

---

12) Halliday & Hasan(1966), *Cohesion in English*, Longman, p.213 참조.

ㄴ. 변덕장이니까.

② 보족

가부물음월에 대한 긍정의 답에서는 전형적인 용례를 볼 수가 있다.

(203) ㄱ. 너는 시장하니?

ㄴ. 예, 아주.

(204) ㄱ. 그는 그 경주에서 이길까?

ㄴ. 어쩌면.

③ 되풀이

가부물음월에 대한 긍정의 답이 이 용례에 해당된다.

(205) ㄱ. 그는 문을 잠갔나?

ㄴ. 예. (잠갔습니다.)

4.2.2.2 특징

앞에서 움직씨구 삭제나 비우기 등에 공통된 특징을 지적하였으나, 이들의 대부분이 담화에 나타나는 줄임월에 들어맞는다. 다만 마지막 여섯 번째의 특징은 성립되지 않는다.

첫째, 담화 문맥에 의존하는 형식으로 줄임월을 사용할 수 없다. 언제나, 언어적 문맥을 필요로 한다. 따라서 괄호로 나타낸 상황하에서도 (206)의 줄임월은 사용할 수가 없다.

(206) *에, 잘 하지 못해!

(어떤 사람이 노래를 부르는 상황하에서)

둘째, 앞월과 태가 같아야 한다.

(207) ㄱ. 그의 전화는 FBI에 의하여 녹음이 되어졌다.
ㄴ. *그러나 CIA에 의하여 안 됐다.

셋째, 앞월에 있어서 등위접속되어 있는 요소의 한쪽을 바꾸어 놓을 수는 없다.

(208) ㄱ. 철수와 영희는 줄임월을 만들 수 있다.
ㄴ. *아니, 영수가.

(209) ㄱ. 철수는 영희와 어떤 사람이 떠났다고 하더라.
ㄴ. *누구가?

넷째, 선행사와 관계없이 줄임월을 만들 수 있다.

(210) ㄱ. 철수는 하마를 운반하는 배를 가라앉히지 않았다.
ㄴ. 그러나 둘이는 그랬다. 그것은 익사했다. (그것—하마)

다섯째, 줄임이 이루어지는 것은 ① 선행사가 줄임 부분보다는 앞에 나타나 있거나, ② 선행사를 포함하는 마디가 앞마디로서 줄임이 그 뒷마디이거나 그 어느쪽이어야 한다. 그러나, 앞월과 줄임월과는 각각 다른 말할이에 의하여 이야기되고 있으므로 두 개의 월 사이에는 으뜸마디와 딸림마디 관계는 성립하지 않는다. 따라서, 실제로는 ②에 해당하는 그러한 사례는 존재하지 않는다. 즉, 반대 방향으로 생략이 일어나지는 않는다.

여섯째, 복합이름씨구 제약이나 월임자말 제약의 규제를 받는다. 이 점에서 움직씨구 삭제와는 다르다.

(211) ㄱ. 포오드를 쏜 사람이 자살했나?

ㄴ. *케네디가.

(212) ㄱ. 어떤 사람을 죽인 자가 저쪽으로 도망쳤다.

ㄴ. *누구가?

(213) ㄱ. 그가 미꾸리를 삼킨 사실이 그들을 놀라게 했다.

ㄴ. *아니, 새우를.

이상에서 말하여 온 특징 이외에 줄임의 대상이 되는 부분이 반드시 구성소를 이룬다고 할 수 없으면, 더구나 남아 있는 이은말의 구조상의 위치가 특정화되지 않는다는 특질이 있음도 지적하여도 좋을 것이다. 예를 들면, 다음 (214)에서 줄어 있는 것은 '그는 그 가까이… 가두고 있다.'인데, 이 연쇄는 (214ㄴ)에서는 하나의 구성소를 이루고 있지 않다. 또 겉구조에 남아 있는 요소를 보면, (215)에서는 때의 어찌말, (216)에서는 으뜸마디의 임자말과 풀이말, (217)에서는 위치말 등과 같이 여러 가지이다.

(214) ㄱ. 그는 그 가까이에 뱀을 두고 있나?

ㄴ. 아니, 도마뱀이다.

(215) ㄱ. 영희는 내일 떠날 것이다.

ㄴ. 아침에.

(216) ㄱ. 나는 그들에게 방을 말끔하게 하도록 말하겠다.

ㄴ. 그러나, 그들은 거절할 것이다.

(217) ㄱ. 너는 누구에게 돈을 주었니?

ㄴ. 영희에게.

줄임의 대상이 구성소를 이루고 있지 않다는 점은 비우기나 간접물음 단축 등과 공통적이다. 이들 규칙을 정식화할 때는 줄임 변형을 사용하여, 지정하여 두지 않으면 아니 되었다.

그러나 비우기와 간접물음 단축의 경우에는 겉구조에 남은 조각의 구조상의 위치를 특정화할 수가 있었다.

즉 비우기라면, 마디 첫머리의 이름씨구와 또 하나의 주요 구성소가 남기도 하고, 간접물음 단축이라면, 물음마디의 물음말구가 남는다든가를 정의하여 들 수가 있었다. 이에 대하여 담화 중의 줄임월의 경우에는 남은 요소가 한결같지 않으므로 그 구조상의 위치를 특정화할 수가 없다. 이런 점에서 비우기 등과 크게 다르다.

4.2.3 담화적 문맥에 의존한 줄임월

담화적 문맥 중에 선행사가 될 요소가 아무것도 없더라도 생략이 되는 수가 있다. 주위의 상황, 즉 담화적 문맥에 의존하는 형식으로 이루어지는 줄임이 그것이다. 예를 들면, 주위의 상황으로 보아서 말할이 자신에 관한 진술이라는 것이 분명할 때는 주어인 '나'가 생략된다. 또 상대방에 관한 질문임이 분명할 때는 임자말인 '네'가 줄게 된다. 이와 같은 줄임월을 담화적 문맥에 의존한 줄임월이라 부른다. 담화적 문맥에 의존한 줄임월은 주로 입말조의 스스럼 없는 말에서 사용된다. 줄어지는 것은 대이름씨형의 임자말이나 움직씨구 등에 많다. 대이름씨의 가리킴(인칭)과 월의 종류와의 사이에는 아주 분명한 상관성이 보인다. 그러므로, 이하에서는 월의 종류에 따라 줄어질 수 있는 요소를 보아 가기로 하자.

4.2.3.1 서술월에 있어서의 줄임

서술월에서는 임자말인 대이름씨 이외에 움직씨구가 주는 일이 있다. 먼저 임자말이 주는 예문부터 보아 가기로 하자. 서술월에서 가장 보편적인 것은 '내, 나'가 주는 경우이다. 보문구조를 수반하는 일이 많다. 그리고 어찌말이나 풀이말이 생략되는 경우도 있다. 대개 움직씨가 줄어들 때는 물음월의 답에서 그러하다.

(218) ㄱ. 실례합니다.
ㄴ. 모른다.
ㄷ. 알았다.
ㄹ. 뭐라고 할지 잘 모르겠다.
ㅁ. ㉮ 어디 가십니까? ㉯ 서울.
ㅂ. ㉮ 벌써 가십니까? ㉯ 그래, 간다.
㉰ 어디로? ㉱ 집으로.
ㅅ. 전화하겠다.
ㅇ. 고맙다.
ㅈ. 같이 가자.

둘째가리킴의 '네, 너'가 주는 경우는 직접대화의 경우나 칭찬, 기원할 경우이다. 이때는 임자말 '네'가 주로 준다.

(219) ㄱ. 기술이 참 좋습니다.
ㄴ. 빌고 비오니 부디 용서하여 주십시오.
ㄷ. 자비를 베푸소서.

셋째가리킴에서도 대개는 담화적 문맥상 이미 알려져 있는 임자말은 준다.

(220) ㄱ. 문제없을 것이다. ㄴ. 잠잠하겠다.
ㄷ. 곧 끊을 것이다. ㄹ. 공부하고 있다.
ㅁ. 벌써 죽었다.

(220ㄱ)은 '그는 문제없을 것이다'의 '그는'이 준 것이요, (220ㄴ)은 '그들이'가, (220ㄷ)은 '물이'가, (220ㄹ)은 '그는'이 각각 줄어 있다. (220ㅁ)은 '그가 어떻게 되었는가'에 대한 답으로서 임자말 '그는'이 준 것이다.

한국어에서는 셋째가리킴 임자말이 줄 경우가 영어에서와 같이 일정해 있는 것이 아니고, 그 상황 여하에 따라서 줄어지기도 하고 줄어지지 않기도 한다. 그러나, 다음과 같은 경우는 대체적으로는 줄어든다.

(221) ㄱ. 소 잃고 외양간 고친다.
　　　ㄴ. 낫 놓고 기역자도 모른다.

(221ㄱ,ㄴ)은 우리나라 속담인데, 이 속담에서의 임자말은 셋째가리킴이 분명한데, 이처럼 일반적인 진리나 교훈적 내용을 담은 말을 할 때는, 셋째가리킴 임자말이 줄어드는 것이 일정하다.

4.2.3.2 물음월에 있어서의 줄임

한국어에 있어서는 담화적 문맥에 있어서 임자말이 분명한 때는 임자말을 줄이고 위치말도 줄인다.

(222) ㄱ. 조금 더 드시겠습니까?　　ㄴ. 책 있습니까?
　　　ㄷ. 무엇을 찾습니까?　　ㄹ. 벌써 가십니까?
　　　ㅁ. 같이 가시겠습니까?　　ㅂ. 뭐지?

(222ㄱ)은 둘째가리킴 '어르신' 또는 '기타 존대의 대상이 되는 임자말'이 준 경우의 보기요, (222ㄴ)은 우리가 가게에 물건을 사러 갔을 때, 주인에게 물을 때 쓰는 경우의 보기로서, 이때는 임자말이 항상 주는 것이 일반적이다. (222ㄷ)은 상대방이 무엇을 찾고 있을 때 임자말이 준 경우의 보기이요, (222ㄹ)은 임자말과 위치말이 동시에 줄

어들었다. (222ㅁ)은 권유할 때나 상대방의 의향을 물을 때의 임자말이 준 보기이다. 대체적으로 한국어에서는 물음월이나 꾀임월을 물음꼴로 말할 때는 임자말, 위치말, 또는 부림말 등을 줄이는 것이 일반적이다.

4.2.3.3 시킴월에 있어서의 줄임

시킴월은 간결하면서도 상대방이 빨리 알아 볼 수 있어야 한다. 따라서, 우리말로 된 줄임시킴월은 드물고, 대개는 한자말로 나타내는 것이 보통이나, 가끔 우리말로도 나타내는 경우가 있다.

(223) ㄱ. 외출금지　　　ㄴ. 긴급출동
ㄷ. 통행금지　　　ㄹ. 입산금비
ㅁ. 길가에 차 못섬　　　ㅂ. 들어오지 못함
ㅅ. 서행

(223ㄱ,ㄷ,ㄹ)은 그 구조가 동일한데, 이것을 분석하면 각각 다음과 같다.

(224) ㄱ. 여러분의 외출을 금지함.
ㄴ. 일반인의 통행을 금지함.
ㄷ. 산에 들어감을 금지함.

(224ㄱ)에서는 '여러분의'와 토씨 '을' 및 '함'을 줄여서 (223ㄱ)이 되었다. (224ㄴ)에서는 '일반인의'와 토씨 '을' 및 '함'을 줄여서 (223ㄷ)이 되었으며, (224ㄷ)에서도 (224ㄴ)에서와 같은 말이 줄어서 (223ㄹ)이 되었다. 이에 (223ㄴ)은 '○○는 긴급하게 출동하라'인데, 여기에서 임자말과 '긴급하게'의 '하게' 및 '출동하라'의 '하라'가 줄어서 (223ㄴ)이 되었다.

(223ㅁ)은 '○○는 길가에 차를 세우지 못합니다'에서 임자말과 부

림자리토씨 '를'을 줄였고, '세우지 못합니다'가 '못 섬'으로 바뀌어서 이루어졌으며, (223ㅂ)은 '◯◯는 들어오지 못합니다'에서 임자말과 '들어오지 못합니다'가 '들어오지 못함'으로 줄어서 된 것이다.

지금까지 설명한 줄임월의 구조와는 달리 (223ㅅ)은 '◯◯는 서행하시오'를 한자말로 '서행'이라 줄인 것이다.

다음에는 제공의 명령을 나타내는 작은월을 보기로 하자. 다음과 같이 이름씨로만 되는 작은월은 그 이름씨로 표시된 것을 말할이 자신에게 제공하도록 명령하는 것이다.

(225) ㄱ. 맥주 한 병! ㄴ. 소주 하나!
ㄷ. 갈비 십 인분! ㄹ. 엽차!

(225ㄱ~ㄹ)까지의 원문을 보면, (225ㄱ)은 '맥주 한 병 주시오'의 '주시오'가 줄어서 된 것이요, (225ㄴ~ㄹ)까지의 작은월도 뒤에 움직씨 '주시오'가 줄어서 각각 이루어진 것이다.

따라서 (223)과 (225)를 모아서 묶어 보면 다음과 같은 기저구조가 된다.

(226) NP+(ADV)+NP을+V

4.2.3.4 느낌월에 있어서의 줄임

느낌을 나타내는 작은월에는 다음과 같은 여러 가지 형식이 있다.

(227) ㄱ. 아이, 좋아! ㄴ. 에이, 괘씸한 놈!

(227ㄱ)은 '아이, 나는 좋아!'에서 임자말이 줄어서 된 것이요, (227ㄴ)은 '에이, 너는 괘씸한 놈이다'에서 임자말과 '이다'가 줄어서 된 것이다.

다음에는 비난, 불찬성, 불신 등을 나타내는 작은월을 보기로 하자.

(228) ㄱ. 네가 신사?　　　　　　　　ㄴ. 그 자가 국회의원?

위의 두 월은 '네가 신사라고'와 '그 자가 국회의원이라고'에서 '이라고'가 줄어서 된 월들이다.

그런데 경우에 따라서는 매도하는 말이 단독으로 쓰여 강한 비난을 나타내는 수가 있다.

(229) ㄱ. 에이, 더러운 놈!　　　　　　ㄴ. 에이, 여우 같은 놈!

(229ㄱ)은 '에이, 너는 더러운 놈이다'에서 임자말 '너는'과 '이다'가 줄어서 된 것이요, (229ㄴ)은 '에이, 너는 여우 같은 놈이다'에서의 앞 것과 같은 말들이 줄어서 된 것이다.

4.2.3.5 서식에 있어서의 줄임

일기나 이력서 기타 서식에서 '나'가 준다든가 편지나 전보문 등에서 '나/내', '너'가 줄어지기도 한다.

(230) ㄱ. 7시 기상
　　ㄴ. 1946년 9월 19일 생
　　ㄷ. 아침에 출발, 오후 10시 귀가
　　ㄹ. 부친 위독 급귀가 요망.
　　ㅁ. 하 수연

이들 양식의 월 (230ㄱ)에서는 '나는 7시에 기상했다'에서 '나는'과 '했다'가 줄었고, (230ㄴ)은 '나는 1946년 9월 19일에 태어났다'에서 '나는'이 줄고 '태어났다'가 한자말화하면서 된 줄임월이며, (230ㄷ)은 '나(우리들)는 아침에 출발하여 오후 10시에 귀가했다'에서 '나는(우리들)'과 '하여', '했다'가 줄어서 되었으며, ㄹ은 '부친께서 위독하시니 너에게 급속한 귀가를 요망한다'에서 토씨 '께서'와 '하시니', '너에게',

'－히', '－를', '한다' 등이 줄어서 이루어진 줄임월이다. 그리고 (230ㅁ)은 '나는 당신의 수연을 축하한다'에서 '나는', '당신의', '－을', '한다' 등이 줄면서 한문화하여, 그 말본에 따라 '하 수연'으로 된 줄임월이다. 위의 월 외에도, 어떤 서식에서 쓰이는 월들은 모두 이들에 준하여 임자말이라든가 움직씨, 토씨, 어찌말, 매김말 등이 줄어서 줄임월이 되기도 한다.

그런데, 특히 서식상의 글에서 우리말로 된 월을 줄이느라고, (230ㅁ)에서와 같이 한자화 하는 경우가 있는데 몇 개 예를 더 보기로 하자.

(231) ㄱ. 하 득남　　　　ㄴ. 축 결혼

(231ㄱ)에서 보면 '아들을 얻은 것을 축하합니다'를 줄여서 나타낸 것인데, '아들을 얻은 것을'을 줄여서 '득남'으로 하였고, '축하합니다'를 줄여서 '하'로 나타내어 전체적으로는 (231ㄱ)의 월이 되었고, (231ㄴ)은 '결혼을 축하합니다'를 줄여서 한자로 나타낸 것이다. 이런 것은 우리말의 한문 문장화에 의한 줄임월이다.

4.2.3.6 소망을 나타내는 줄임월

말할이의 소망을 나타내는 월은 대개 다음과 같은 형식으로 나타난다.

(232) ㄱ. 그에게 축복을!　　　　ㄴ. 나에게 자유를!
ㄷ. 성공을 빈다.

(232ㄱ)은 '하나님 그에게 축복을 내려 주십시오'에서 (232ㄴ)은 '하나님 나에게 자유를 주십시오'에서, '하나님'과 움직씨구가 줄어서 된 것이요, (232ㄷ)은 '나는 너의 성공을 빈다'에서 '나는 너의'가 줄어서 된 것이다.

4.3 무정형월

무정형월이란 작은월을 이루고 있으나, 월조각이 항시 일정해 있어서 다른 어휘로써 바꿀 수 없으며, 또 문형도 바꿀 수 없을 뿐만 아니라, 월의 해석도 낱말의 뜻으로서는 그 본유의 특별한 의미로 풀이가 될 수 없는 그러한 월을 말한다. 여기에는 월조각의 치환이 가능한 것과 불가능한 것이 있는데, 한국어에서는 다 문형을 바꿀 수 없는 월뿐이다.

4.3.1 치환 불가능한 무정형월

4.3.1.1 격언

격언은 외우기 쉬운 작은월에 의하여 잘 표현된다. 이것은 작은월이 리듬상 아주 적절하고 또 내용에 여운을 가지게 하는데 있어서, 형편이 좋기 때문일 것이다. 작은 월에 의한 격언 표현에는 몇가지 공통된 경향이 있다. 예를 들면, 형식에 있어서 3·4조, 4·4조, 5·7조 등을 비롯하여 이들의 변조로 되어 있어서 월에 가락이 있다는 점이다. 또 내용에 있어서도 전반부와 후반부는 인과관계를 나타내든지 견줌을 나타내는 것이 많다.

(233) ㄱ. 개밥에 도토리.
ㄴ. 가는 날이 장날이라.
ㄷ. 가난한 집 제사 돌아오듯.
ㄹ. 낫 놓고 기역 자도 모른다.
ㅁ. 갖바치 내일모레
ㅂ. 모기 보고 칼 빼기.
ㅅ. 하룻밤을 자도 만리성을 쌓는다.

(233ㄱ)의 본 구조는 '개밥에 들어 있는 도토리와 같다'요, (233ㄴ)

은 임자조각과 풀이조각으로 된 하나의 완전한 월로 되어 있다. (233ㄷ)은 '가난한 집에 제사 돌아오듯 자주 돌아온다'요, (233ㄹ)은 임자말이 줄어서 된 것이요, (233ㅁ)은 '갖바치 내일모레 하면서 일을 늦춘다'이며, (233ㅂ)은 임자말과 '-와 같다'가 줄어져 있고, (233ㅅ)은 '남녀가 하룻밤을 자도 남녀 간의 정을 만리성만큼 많이 쌓는다'로 될 것이다. 이처럼 국어의 속담은 줄임에 의하여 된 것으로도 볼 수 있으나, 여기서는 그 성질상 치환이 불가능한 무정형월로 보아 둔다.

4.3.1.2 관습표현

일상생활에서 일종의 사회적 관습에 쓰이는 관습표현이라 할 수 있는 고정적인 표현법이 있다. 인사, 소개, 사례 등을 할 때 쓰이는 표현이 이에 해당된다. 이들 무정형월은 다음과 같은 점에서 완전한 월과 다르다.

즉, 이 작은월 속에 나타나는 어휘는 마음대로 바꿀 수 없다는 것과 관습표현의 월을 다른 월형으로 바꿀 수 없다. 예를 들면, 인사할 때의 월을 베풂월로 바꿀 수 없으며, 그 해석도 보통의 월과 같이 해석해서는 관습표현 특유의 해독을 할 수가 없다.

첫째, 다음과 같은 말은 만났을 때의 인사를 나타내는 표현법이다.

(234) ㄱ. 안녕하십니까!
ㄴ. 날씨가 덥습니다!
ㄷ. 안녕하십니까, 반갑습니다!

다음과 같은 말은 헤어질 때의 인사를 나타낼 때 쓰인다.

(235) ㄱ. 안녕히 가십시오. ㄴ. 안녕!
ㄷ. 잘 가! ㄹ. 잘 있어!

둘째, 다음과 같은 말은 소개할 때의 표현이다.

(236) ㄱ. 이분은 조철수 씨입니다.
ㄴ. 이분은 나의 친구 김 교수입니다.

(236)의 답으로서는 다음과 같이 표현된다.

(237) ㄱ. 안녕하십니까, ○○○입니다.
ㄴ. 반갑습니다. 저는 ○○○입니다.

셋째, 다음과 같은 말은 건강을 물을 때의 표현이다.

(238) ㄱ. 어떻습니까? ㄴ. 모두들 잘 계시지요?
ㄷ. 여전하시지요? ㄹ. 별고 없어?

(238)의 대답으로서는 다음과 같이 표현된다.

(239) ㄱ. 괜찮습니다. ㄴ. 응(그래).
ㄷ. 그래, 별고 없어.

상대의 건강이 좋은 것 같지 않을 때는 다음과 같이 표현한다.

(240) ㄱ. 부디 조심해! ㄴ. 몸조리 잘 해!

(240)의 대답으로서는 다음과 같이 말한다.

(241) ㄱ. 그래! ㄴ. 오냐!

넷째, 감사를 나타내는 말로서는 다음과 같이 표현한다.

(242) ㄱ. 고맙네. ㄴ. 대단히 고맙습니다.

위의 대답으로서는 다음과 같이 나타낸다.

(243) ㄱ. 천만에. ㄴ. 별말씀(을).

다섯째, 사양이나 양해를 나타낼 때는 다음과 같이 말한다.

(244) ㄱ. 괜찮습니다. (사양) ㄴ. 실례합니다.
ㄷ. 미안합니다. ㄹ. 실례했습니다.

(244)의 대답으로서는 다음과 같이 나타낸다.

(245) ㄱ. 괜찮습니다. ㄴ. 좋습니다.

여섯째, 건배를 나타낼 때는 다음과 같이 표현한다.

(246) ㄱ. 자, 건강을 위하여! ㄴ. 감사합니다!
ㄷ. 건배!

일곱째, 축원을 나타낼 때는 다음과 같이 나타낸다.

(247) ㄱ. 행운을 빕니다. ㄴ. 성공을 빈다.
ㄷ. 신의 가호가 함께 하시길 빕니다.

여덟째, 남에게 말을 전해 줄 것을 의뢰할 때는 다음과 같이 나타낸다.

(248) ㄱ. 안부 좀 전해 주세요. ㄴ. 안부 좀 삶아 주세요.
ㄷ. 안부 삶게(아).

아홉째, 축하는 할 때는 다음과 같이 나타낸다.

(249) ㄱ. 축하해!　　　　　　　　ㄴ. 졸업을 축하한다!
　　　ㄷ. 합격을 축하해!

열째, 슬픔이나 안쓰러움을 표현할 때는 다음과 같이 표현한다.

(250) ㄱ. 아이, 저런!　　　　　　　ㄴ. 저걸, 어째!

열한째, 다음과 같은 경구나 감탄어구 및 구령은 무정형월이다. (251)는 이름씨구로만 되어 있고, (252)은 움직씨구로만 되어 있다.

(251) ㄱ. 불이야!
　　　ㄴ. 달집에 불이야, 별집에 불이야! (감탄구)
　　　ㄷ. 도둑이야!
　　　ㄹ. 거기다, 거기!
　　　ㅁ. 살인이야!

(252) ㄱ. 도와 줘요!　　　　　　　ㄴ. 살려 줘요!
　　　ㄷ. 보라!　　　　　　　　　ㄹ. 차렷!
　　　ㅁ. 쉬어!　　　　　　　　　ㅂ. 열중 쉬어!
　　　ㅅ. 앞으로 가!

4.3.1.3 감탄어구

순간적인 감정을 나타낼 때도 아주 짧은 무정형월이 쓰인다. 이와 같은 감정을 나타내는 무정형월 중에는, 감정표현으로 쓰일 수 있는 어구로 되는 것과 오직 감정표현으로써만 쓰일 수 있는 어구로부터 되는 것이 있다. 앞것을 감탄어구라 하고, 뒷것을 느낌씨라 한다.

감탄어구는 본래 가지고 있던 내재적 의미와는 관계없는 내용을 전달하는 일이 많다. 또 느낌씨는 내재적 의미가 불명확한 일이 많다. 즉 어느 것이든 문맥이나 용법과는 달리 독립하여 결정될 수 있는 의미의 내포량이 매우 희박하여, 어구가 어떠한 감정을 전달하는가는 많은 경우 그것이 쓰이는 상황이라든가 월가락 등에 의하여 결정되는 셈이다. 따라서, 동일한 어구가 다른 상황에서 혹은 월가락에 의하여 다른 내용을 전달하는 일이 가끔 있다.

감탄어구에는 다음과 같은 것이 있다.

(253) ㄱ. 놀람을 나타내는 것

: 아이 저런, 도둑이야, 불이야, 사람 살려, 아이고 저런, 아이고 죽겠네

ㄴ. 비난, 질책, 분개를 나타내는 것

: 에이 드런놈, 대번에 죽일라, 에끼 고약한, 에라잇 괘씸한 놈, 에끼 바보, 좋아하시네, 용용 죽겠지, 에이 도둑놈아, 디어져라 이놈, 아이 얄미워

ㄷ. 슬픔, 동정을 나타내는 것

: 아이 가여워라, 아이 가여운 것, 저걸 어째, 저런저런

ㄹ. 성냄, 꾸짖음을 나타내는 것

: 저런 몹쓸 것, 이런 망할 것, 요 오라질 놈, 에이 고약한 놈, 에이 고현 놈

ㅁ. 기쁨, 칭찬을 나타내는 것

: 얼씨구 좋다, 절씨구 좋다, 지화자 좋다, 대한민국 만세, 아이 좋아, 자 싸구려, 강강수월래, 게기나 칭칭 노세, 어기여라 궁글레, 미재로고 미재로고

4.3.1.4 느낌씨

느낌씨는 오직 감탄이나 대답을 나타내거나, 상대에게 어떤 행동을 재촉하는 구실을 한다. 임자말, 풀이말, 매김말 또는 꾸밈을 받는 말 등으로 쓰이는 일은 없다. 한 말로써 월에 상당하는 내용을 표현한다. 그러므로, 치환 불가능한 무정형월의 하나로 볼 수 있다. 느낌씨는

다음과 같은 문맥에 쓰인다.

(255) ㄱ. 아이구, 달도 밝다. ㄴ. 얼씨구, 잘도 한다.
ㄷ. 아따, 이리 오라니깐. ㄹ. 야아, 우리가 이겼다.

느낌씨와 같이 쓰인 월을 일반적으로 느낌월이라 하는데, 느낌월은 그 맺음씨끝이 '-구나, -도다, -구려, -다' 등으로 된다.

4.3.2 무정형월의 취급법

한국어의 무정형월은 대개는 생략에 의하여 이루어진다고 볼 수 있으나, '4.3.1.2 관습표현'의 셋째에서 다섯째까지의 대답월은 그 의미 내용으로 볼 때, 일종의 무정형월로 보는 것이 좋을 듯하다. 무정형월의 특징은 첫째, 월을 구성하는 데 있어서 필수적인 요소가 빠져 있고, 둘째, 그 해독이 보통의 월의 경우와 같은 방법으로 해석해서는 그 특유의 의미로 해석이 되지 않는다. 셋째, 월을 구성하고 있는 어휘를 자유롭게 다른 어휘로 바꿀 수 없다. 이와 같이 월조각의 치환이 불가능하다는 것은 형식적, 의미적으로 유사한 몇 개의 무정형월을 범주기호를 사용하여 유형화할 수 없다는 것을 뜻한다. 따라서 무정형월의 의미를 광범위한 무정형월의 의미해석 규칙을 만들어 둠으로써 처리할 수 있는 것이 못 됨을 의미한다.

따라서 치환이 불가능한 무정형월에 관하여는 다음과 같은 취급법이 적절하다고 생각된다. ① 무정형월 전체를 가지고 하나의 어휘항목을 이루는 것으로 사전에 기재하여 둔다. ② 무정형월의 의미가 무엇인가를 기재사항의 일부로서 기재하여 둔다. 즉 각각의 무정형월을 그 이상 작은 단위로 분해하기가 불가능한 하나의 항목으로서 다루는 것이다. 이와 같은 취급을 함에 의하여 위에서 본 무정형월이 아주 비생산적, 고정적이며 그 해석이 보통의 월에 비하여 변칙적임을 설명할 수 있다.

참고문헌

강구중(1984), 「국어 시킴꼴의 유형과 의미기능」, 『어문학교육』 7집

권재일(1992), 『한국어 통사론』, 민음사

김승곤(1978), 「연결어미 '-고'에 대하여」, 『건국대학교 학술지』 21집

______(1978), 「상태지속연결어미 '-아'에 대하여」, 『논뫼 허웅 박사 화갑기념 논문집』

______(1978), 「연결어미 '-니까', '-아서', '-므로'」, 『건국대학교 인문과학』, 11집

______(1979), 「가정형어미 '-면'과 '-거든'에 대하여」, 『건국대학교 인문과학』, 12집

______(1979), 「선택형어미 '-거나'와 '-든지'의 화용론」, 『말』 4집, 연세대학교 어학당

______(1980), 「연결형어미 '-니까', '-아서'의 화용론재론」, 『난정 남광우 박사 환갑기념논총』

______(1981), 「한국어의 연결형어미 '-건대'와 '-거늘', '-기에'와 '-는지라'의 화용론」, 『건국대학교 학술지』 25집

______(1981), 「한국어 연결형어미의 의미분석(1)」, 한글학회 60돌 기념특집 1 『어우름』, 제173·174호

______(1987), 「견줌월 연구」, 『한글』 196호

______(1988), 「조건월 연구」, 『건국대학교 교육대학원 교육논총』 9집

______(1989), 「국어의 이음씨끝 '-아서'의 의미 및 통어기능」, 『백석 조문제 박사 정년기념 논문집』

______(1991), 「음-이름꼴과 기-이름꼴의 통어적 기능연구」, 『유풍년 박사 환갑기념 논문집』

______(1996), 「물음씨끝 '-을까'의 형성에 대하여」, 『한말연구』 2집

______(2009), 『21세기 우리말본 연구』, 도서출판 경진

김일웅(1982), 「우리말 대용어 연구」, 부산대학교 박사학위 논문

박지홍(1982), 『우리 현대 말본』, 문성출판사

양동휘(1986), 「기능적 대용화론」, 『한글』 170호, 한글학회
장석진(1985), 『화용론 연구』, 탑출판사
정인승(1959), 『표준 고등말본』, 신구문화사
최현배(1983), 『우리말본』, 정음문화사
허　웅(1983), 『국어학』, 샘문화사
______(1995), 『20세기 우리말의 형태론』, 샘문화사
______(1999), 『20세기 우리말의 통어론』, 샘문화사
한글학회(2008), 『우리말 사전』, 한글학회
今井邦彦·中島平三(1978), 『文』 II, 연구사

찾아보기